Guías Visuales

EL MAR

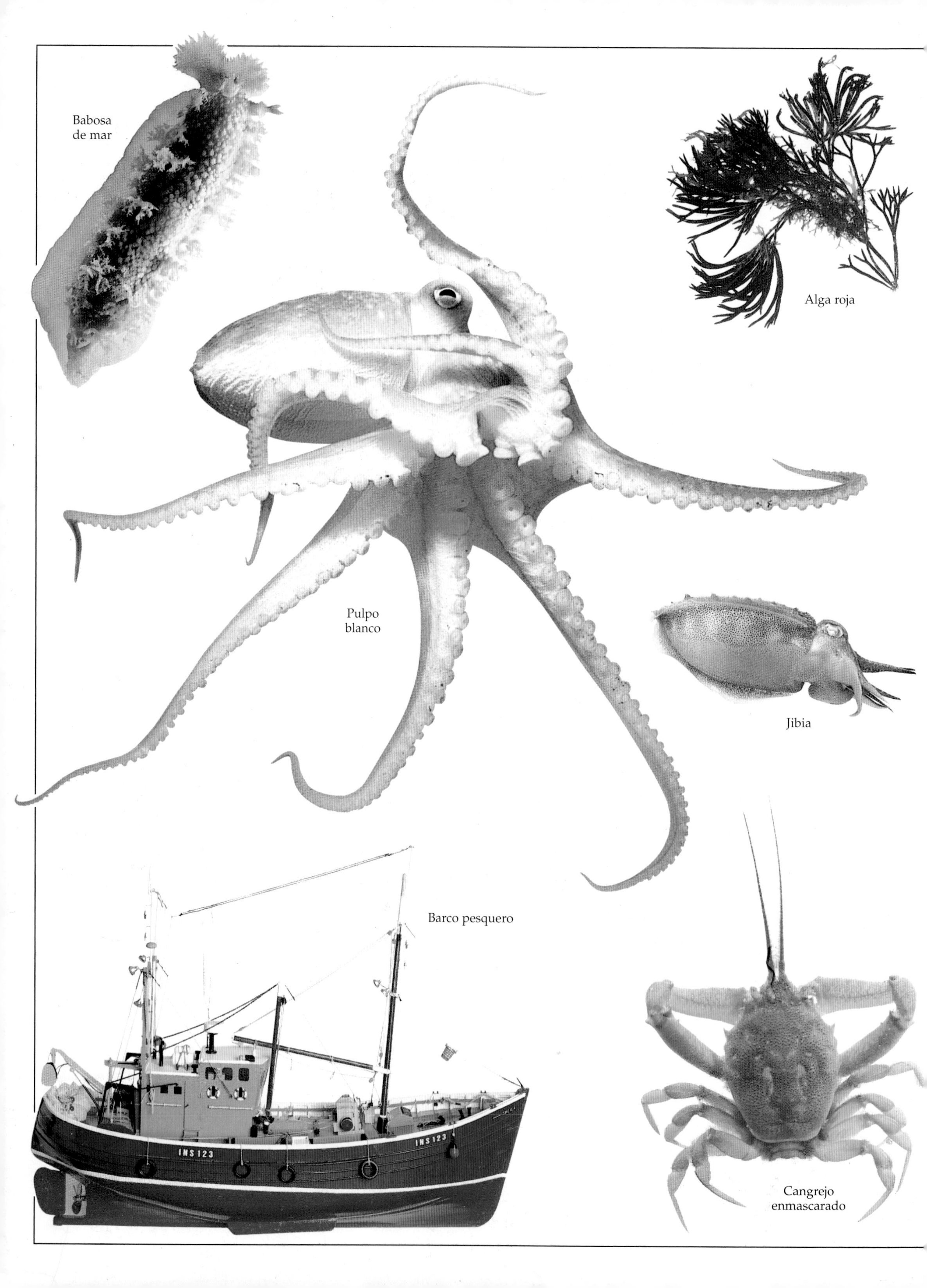
Babosa de mar
Alga roja
Pulpo blanco
Jibia
Barco pesquero
INS 123
INS 123
Cangrejo enmascarado

Ochavo

Langosta espinosa europea

Guías Visuales

EL MAR

Escrito por la
DRA. MIRANDA MACQUITTY

Fotografía de
FRANK GREENAWAY

Blenia mariposa

Alga roja calcárea

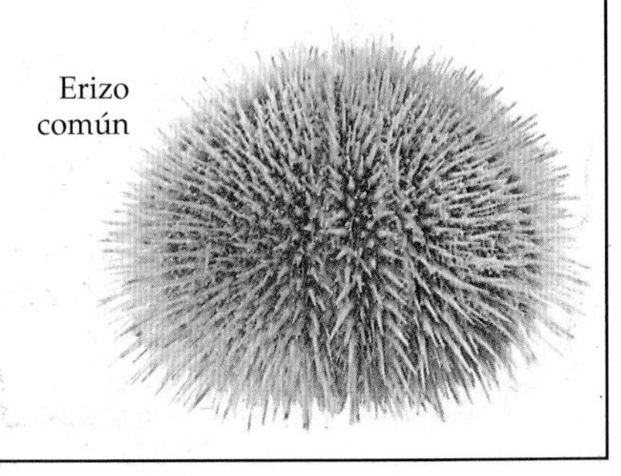
Erizo común

DK Publishing, Inc.

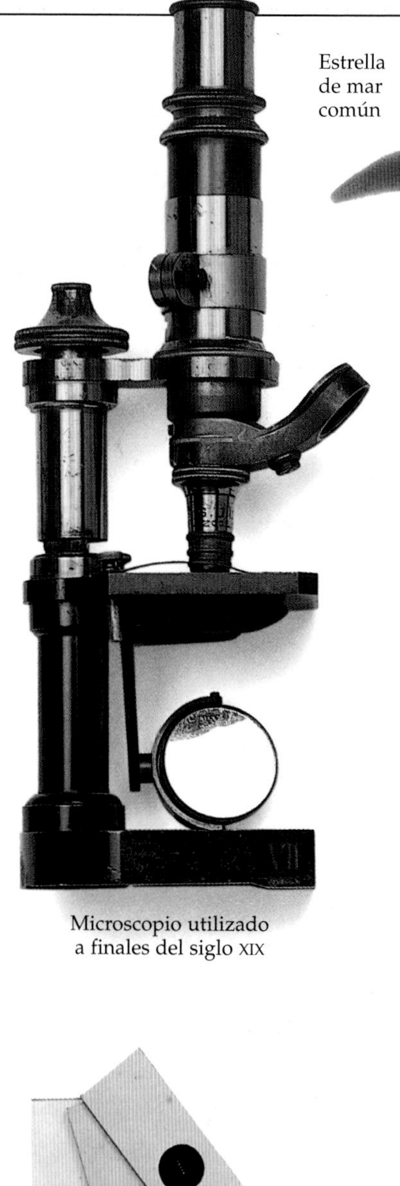

Microscopio utilizado a finales del siglo XIX

Estrella de mar común

Poliqueto dentro de su tubo

Estrella de mar roja

LONDRES, NUEVA YORK, MÚNICH, MELBOURNE Y DELHI

Conchas de mejillones

Título original de la obra: *Ocean*

Editora del proyecto: Marion Dent
Directora de arte: Jane Tetzlaff
Jefa de edición: Gillian Denton
Directora principal de arte: Julia Harris
Investigación: Céline Carez
Investigación iconográfica: Kathy Lockley
Producción: Catherine Semark
Agradecimientos especiales: The University Marine Biological Station (Escocia) y Sea Life Centres (Reino Unido)

Editora en EE. UU. Elizabeth Hester
Directora de arte Michelle Baxter
Diseño DTP Milos Orlovic, Jessica Lasher
Producción Ivor Parker
Asesor Producciones Smith Muñiz

Edición en español preparada por Alquimia Ediciones, S. A. de C. V.
Río Balsas 127, 1.° piso, Col. Cuauhtémoc
C.P. 06500 México, D.F.

Primera edición estadounidense, 2005
06 07 08 09 10 9 8 7 6 5 4 3 2 1

Publicado en Estados Unidos por DK Publishing, Inc.
375 Hudson Street, New York, New York 10014

Publicado en Gran Bretaña por Dorling Kindersley Limited.

A catalog record for this book is available from the Library of Congress.
ISBN 0-7566-1486-4 (Hardcover) 0-7566-1492-9 (Library Binding)

Reproducción a color por Colourscan, Singapur
Impreso y encuadernado por Toppan Printing Co. (Shenzhen) Ltd.

Estrella de mar roja

Portaobjetos preparados

Estrella de sol común

Colección victoriana de conchas marinas

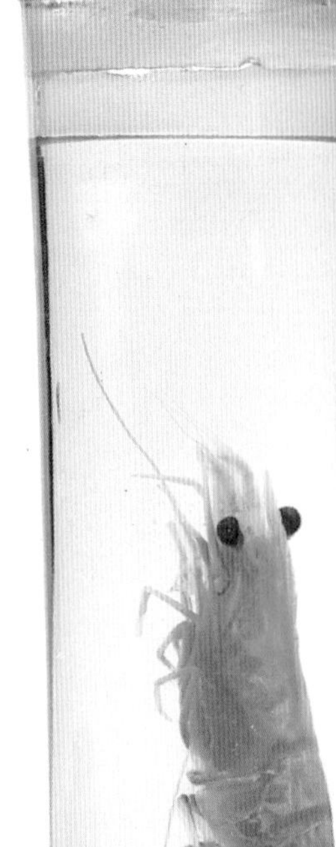

Frasco con una langosta noruega

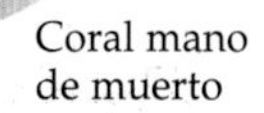

Coral mano de muerto

Descubre más en

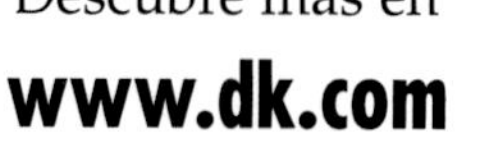

Contenido

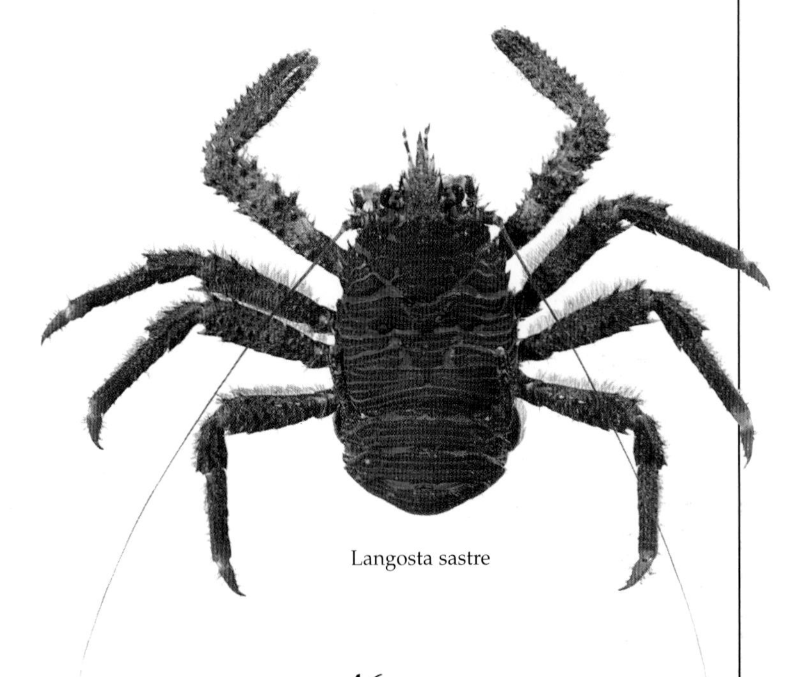
Langosta sastre

Océanos del pasado

La Tierra, con sus vastos océanos, no siempre ha tenido la misma apariencia. Por millones de años las masas continentales se han desplazado sobre la faz de la Tierra; nuevos océanos se han formado y otros han desaparecido. Los océanos actuales comenzaron a formarse hace apenas 200 millones de años; la Tierra, hace 4,500 millones. Pero el agua ya estaba presente en su atmósfera, en forma de vapor. Conforme la Tierra se enfrió, el vapor se condensó formando nubes de tormenta que, al llover, llenaron los océanos. Al cambiar los océanos, también lo hacían los seres vivos que los habitaban. Los primeros organismos aparecieron en los océanos hace 3,300 millones de años y tras ellos surgieron formas de vida cada vez más complejas. Algunas se extinguieron, pero otras sobreviven hasta hoy, casi sin cambios.

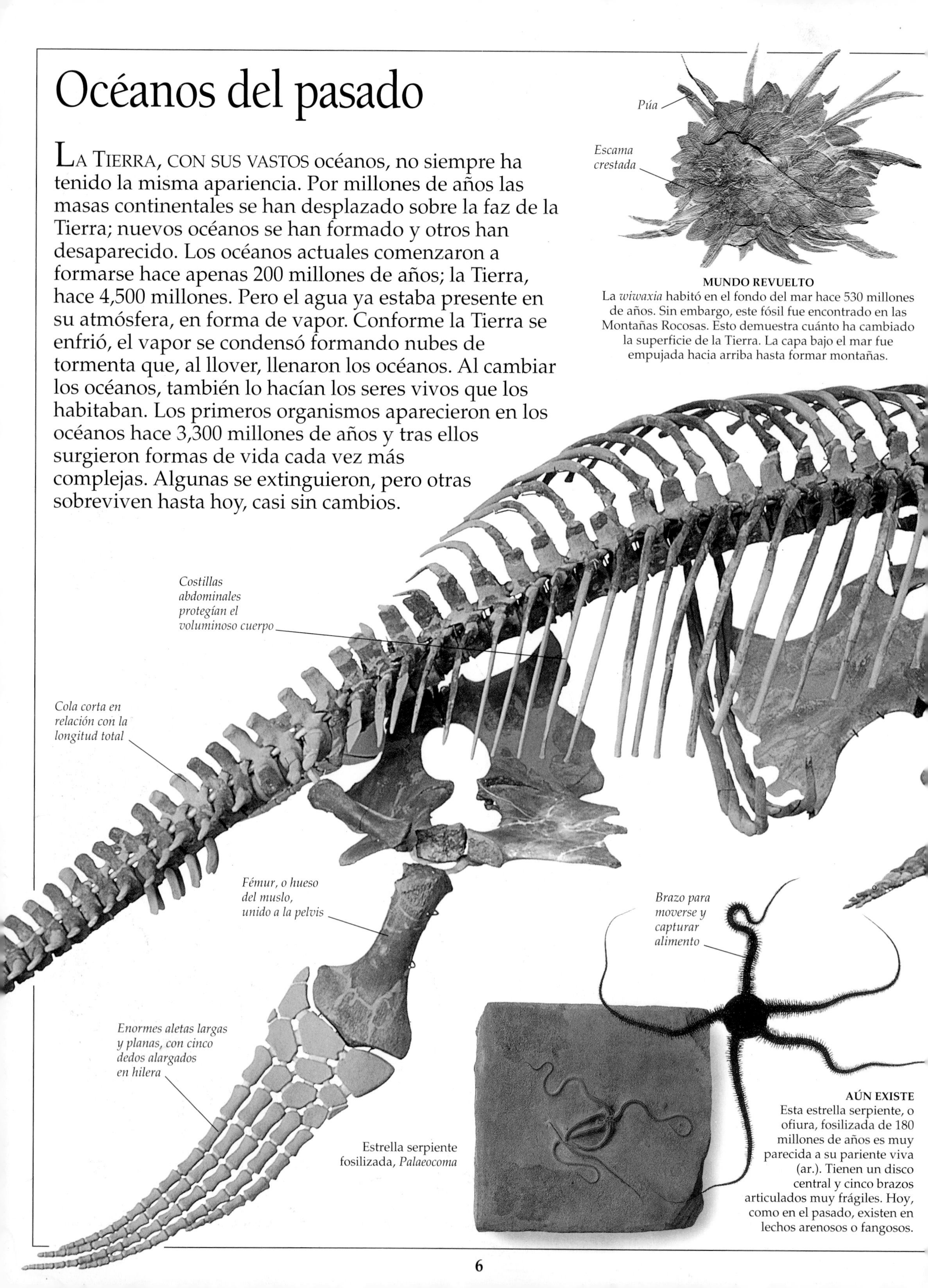

MUNDO REVUELTO
La *wiwaxia* habitó en el fondo del mar hace 530 millones de años. Sin embargo, este fósil fue encontrado en las Montañas Rocosas. Esto demuestra cuánto ha cambiado la superficie de la Tierra. La capa bajo el mar fue empujada hacia arriba hasta formar montañas.

Estrella serpiente fosilizada, *Palaeocoma*

AÚN EXISTE
Esta estrella serpiente, o ofiura, fosilizada de 180 millones de años es muy parecida a su pariente viva (ar.). Tienen un disco central y cinco brazos articulados muy frágiles. Hoy, como en el pasado, existen en lechos arenosos o fangosos.

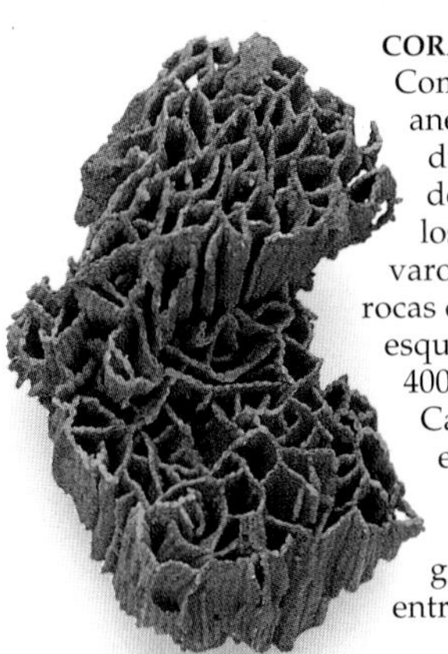

CORAL ANCESTRAL
Comparados con las anémonas y las medusas, sus parientes de cuerpo blando, los corales se conservaron fosilizados en las rocas debido a su duro esqueleto, como éste de 400 millones de años. Cada coral formó un esqueleto junto al de su vecino para crear cadenas con grandes espacios entre ellos.

OCÉANOS CAMBIANTES
Un gran océano, Pantalasa, rodeaba al gran continente Pangea (1), hace 290–240 Ma. Muchas especies marinas se extinguieron al final de ese periodo. Pangea se dividió; una parte se desplazó al Norte y otra al Sur, formando el Mar de Tetis.

DERIVA CONTINENTAL
La parte norte se dividió para formar el Atlántico Norte hace 208–146 Ma (2). El Atlántico Sur y el Índico empezaron a formarse hace 146–65 Ma (3). Los continentes se desplazaron por 1.64 Ma (4). Hoy, los océanos todavía cambian; el océano Atlántico se ensancha unos centímetros cada año.

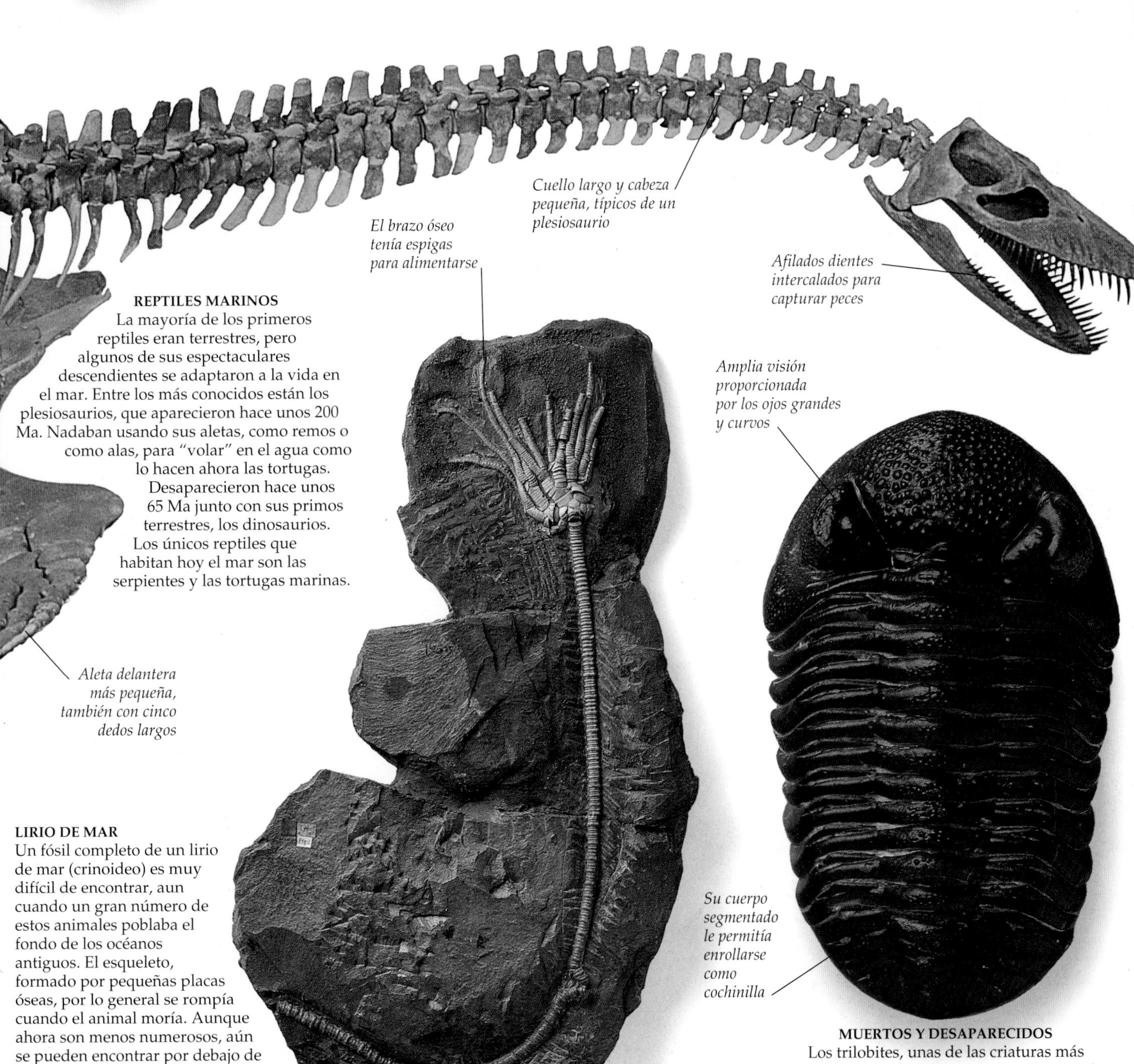

Cuello largo y cabeza pequeña, típicos de un plesiosaurio

El brazo óseo tenía espigas para alimentarse

Afilados dientes intercalados para capturar peces

REPTILES MARINOS
La mayoría de los primeros reptiles eran terrestres, pero algunos de sus espectaculares descendientes se adaptaron a la vida en el mar. Entre los más conocidos están los plesiosaurios, que aparecieron hace unos 200 Ma. Nadaban usando sus aletas, como remos o como alas, para "volar" en el agua como lo hacen ahora las tortugas. Desaparecieron hace unos 65 Ma junto con sus primos terrestres, los dinosaurios. Los únicos reptiles que habitan hoy el mar son las serpientes y las tortugas marinas.

Amplia visión proporcionada por los ojos grandes y curvos

Aleta delantera más pequeña, también con cinco dedos largos

LIRIO DE MAR
Un fósil completo de un lirio de mar (crinoideo) es muy difícil de encontrar, aun cuando un gran número de estos animales poblaba el fondo de los océanos antiguos. El esqueleto, formado por pequeñas placas óseas, por lo general se rompía cuando el animal moría. Aunque ahora son menos numerosos, aún se pueden encontrar por debajo de los 330 pies (100 m) de profundidad. Son parientes de las plumas de mar, pero están fijos al lecho marino. Sus brazos rodean la boca y capturan partículas de alimento.

Su cuerpo segmentado le permitía enrollarse como cochinilla

Un largo y flexible tallo fijaba al crinoideo en los jardines del lecho marino

MUERTOS Y DESAPARECIDOS
Los trilobites, unas de las criaturas más abundantes en los océanos antiguos, aparecieron hace unos 510 Ma. Poseían extremidades articuladas y un esqueleto externo, como los insectos y los crustáceos (cangrejos y langostas), pero se extinguieron hace unos 250 Ma.

Los océanos actuales

CUALQUIER OCÉANO DEL MUNDO se vincula con todos los océanos del planeta, ya que el agua de mar es una masa continua. Las extensiones mayores de agua se conocen como océanos, mientras que las menores (por lo regular cerca o rodeadas de tierra) como mares. Dos tercios de la superficie del planeta están cubiertos por agua de mar, lo que constituye el 97 por ciento del suministro total de agua de la Tierra. La temperatura del agua marina varía según la región, su superficie es más fría en los polos que en los trópicos y se enfría más a mayor profundidad. La salinidad del agua de mar varía desde las aguas más saladas (el Mar Rojo, donde hay un alto índice de evaporación y poca agua dulce que lo alimente) hasta las menos saladas (el Mar Báltico que es alimentado por varios ríos). Tampoco el fondo es igual en todas partes. Existen montañas, plataformas, planicies y fosas submarinas que pueden igualar cualquier formación geológica sobre la tierra.

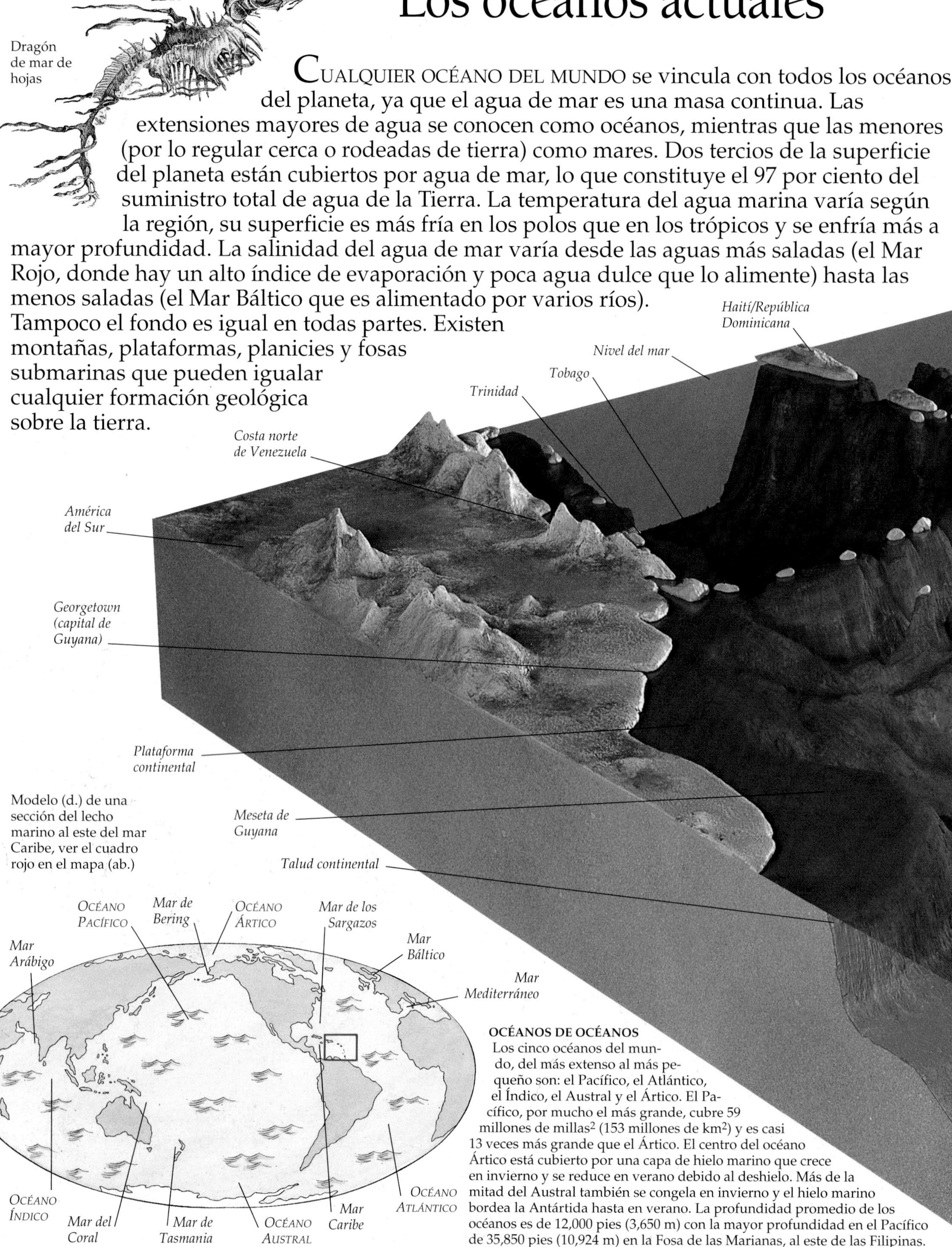

Dragón de mar de hojas

Modelo (d.) de una sección del lecho marino al este del mar Caribe, ver el cuadro rojo en el mapa (ab.)

OCÉANOS DE OCÉANOS

Los cinco océanos del mundo, del más extenso al más pequeño son: el Pacífico, el Atlántico, el Índico, el Austral y el Ártico. El Pacífico, por mucho el más grande, cubre 59 millones de millas^2 (153 millones de km^2) y es casi 13 veces más grande que el Ártico. El centro del océano Ártico está cubierto por una capa de hielo marino que crece en invierno y se reduce en verano debido al deshielo. Más de la mitad del Austral también se congela en invierno y el hielo marino bordea la Antártida hasta en verano. La profundidad promedio de los océanos es de 12,000 pies (3,650 m) con la mayor profundidad en el Pacífico de 35,850 pies (10,924 m) en la Fosa de las Marianas, al este de las Filipinas.

Flotando en el Mar Muerto

¿MAR O LAGO?

El agua del Mar Muerto es mucho más salada que la de cualquier océano debido a que el agua que recibe se evapora bajo el sol ardiente y pierde sus sales lo que favorece la flotación. El Mar Muerto es un lago, no un mar, porque está completamente rodeado de tierra. Los verdaderos mares siempre están conectados con el océano.

DIOS DE LAS AGUAS

Neptuno, el dios romano de los mares, casi siempre se muestra sobre un delfín y empuñando un tridente. Se creía que también regía sobre las aguas dulces, por lo que se le hacían ofrendas durante las épocas más secas del año.

ACTO DE DESAPARICIÓN

Las enormes placas de la corteza terrestre se desplazan como una banda transportadora. Cuando las zonas en crecimiento se expanden, otras zonas desaparecen en el corazón del planeta. Aquí una placa oceánica choca contra otra (subducción) en la Fosa de las Marianas, formando un arco de isla.

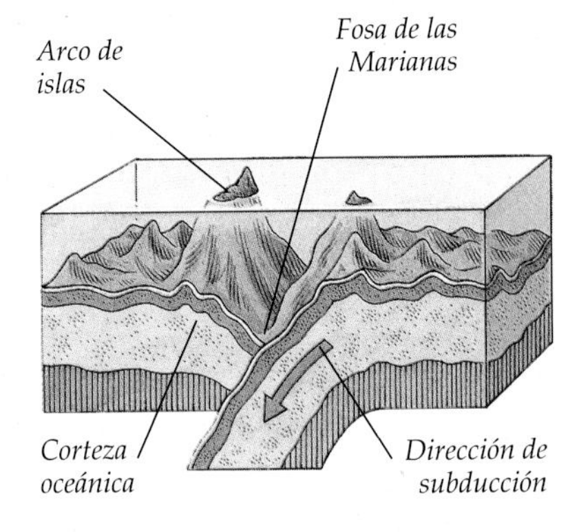

Formación de la Fosa de las Marianas

Llanura abisal de Hatteras

Fosa de Puerto Rico

Llanura abisal de Nares

Dorsal Media Atlántica

Zona de fractura Kane

Zona de fractura Vema

Llanura abisal de Demerara

EL SUELO OCEÁNICO

Este modelo muestra una parte del fondo del océano Atlántico frente a la costa noreste de América del Sur, de Guyana a Venezuela. Frente a la costa está la plataforma continental, una región de aguas relativamente bajas de unos 660 pies (200 m) de profundidad. Aquí, tiene unos 125 millas (200 km), pero frente a la costa norte de Asia mide hasta 1,000 millas (1,600 km). En el extremo de la plataforma, el suelo oceánico forma una pendiente para crear el talud continental. Los sedimentos erosionados de la tierra y arrastrados por los ríos, como el Orinoco, se acumulan en el fondo de este talud. El suelo oceánico se extiende entonces en áreas casi planas (llanuras abisales) cubiertas con una profunda capa de sedimentos blandos. La Fosa de Puerto Rico se formó donde una de las placas de la Tierra (la norteamericana) se desplaza sobre otra (la del Caribe). También se formó un arco de islas volcánicas donde la placa norteamericana chocó y se hundió bajo la del Caribe. Las zonas de fractura son relieves de la Dorsal Media Atlántica.

La vida en el mar

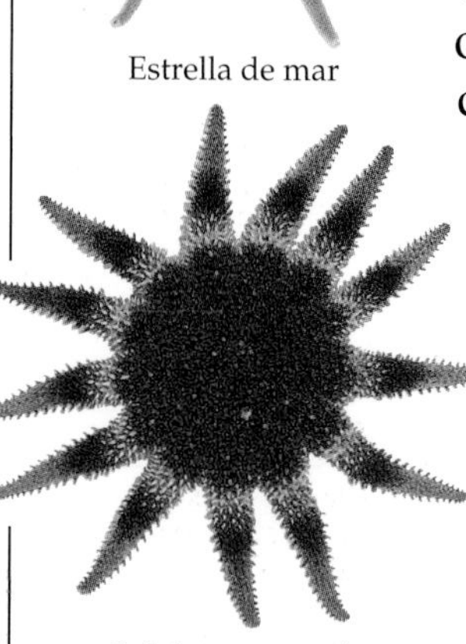

Estrella de mar

Sol de mar común

De la costa al fondo, los océanos albergan la mayor diversidad de vida del planeta. Los animales viven en el lecho marino o a media agua, donde nadan o flotan. Las plantas subsisten en la zona iluminada, donde hay luz suficiente para crecer, ya sea fijas en el fondo o flotando. Los animales se encuentran a cualquier profundidad, pero son más numerosos en la zona iluminada donde el alimento abunda. No todos los que nadan permanecen en una zona, el cachalote se sumerge más de 1,650 pies (500 m) para alimentarse de calamar y regresa a la superficie a respirar. Algunas especies de las frías aguas profundas, como el tiburón boreal del Atlántico, viven también en las frías aguas superficiales de los polos. Más de 90 por ciento de las especies viven en el fondo. Una roca puede ser hogar de al menos 10 especies grandes, como corales, moluscos y esponjas. La mayoría de las plantas y animales surgieron en el mar, pero algunos, como las ballenas y los pastos marinos, tienen antepasados terrestres.

VIDA EN LA COSTA
Las estrellas de mar viven en la costa y también en aguas profundas. Los organismos de la costa deben soportar condiciones secas o encontrar refugio en charcos litorales. Los animales y plantas más resistentes habitan las partes altas, y los que no resisten el aire viven en el fondo.

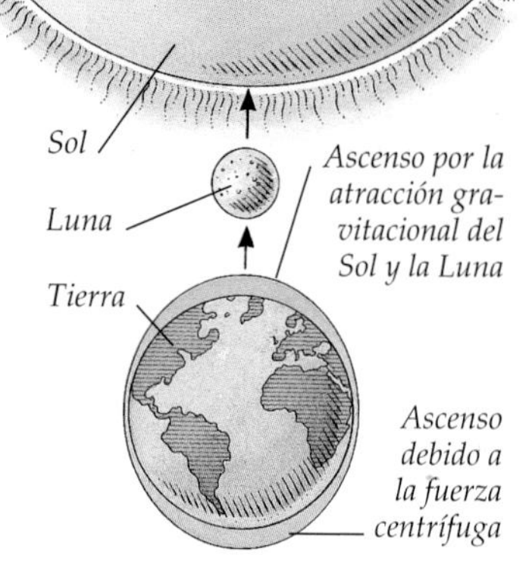

TIEMPO Y MAREA
Cualquiera que pase un tiempo en la playa o en un estuario notará las mareas. Éstas son causadas por la atracción gravitacional de la Luna sobre el caudal de agua de mar de la Tierra. Un ascenso igual y opuesto ocurre al otro lado del planeta, debido a la fuerza centrífuga. Conforme la Tierra gira sobre su eje, los ascensos (mareas altas) se repiten dos veces al día. Las mareas más altas y más bajas son las de primavera en luna llena y luna nueva cuando el Sol y la Luna están alineados, y ejercen mayor atracción gravitacional.

CALAMAR HABIL
El calamar es de los habitantes más comunes del mar. Como los peces, a menudo nadan en cardúmenes para protegerse. Un cuerpo hidrodinámico en forma de torpedo les permite nadar muy rápido.

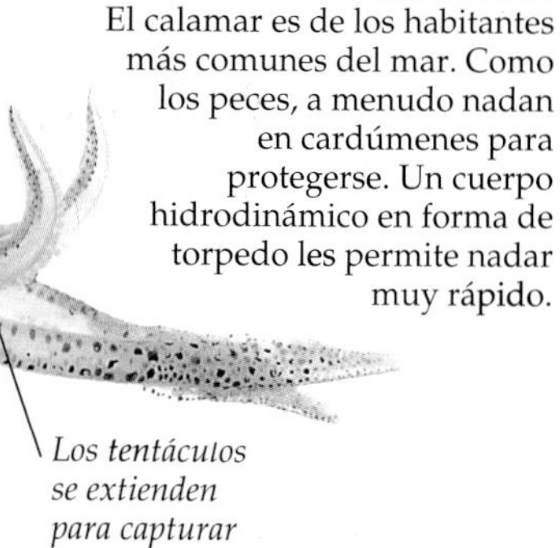

Dentro hay una concha córnea con forma de bolígrafo

Los tentáculos se extienden para capturar alimento

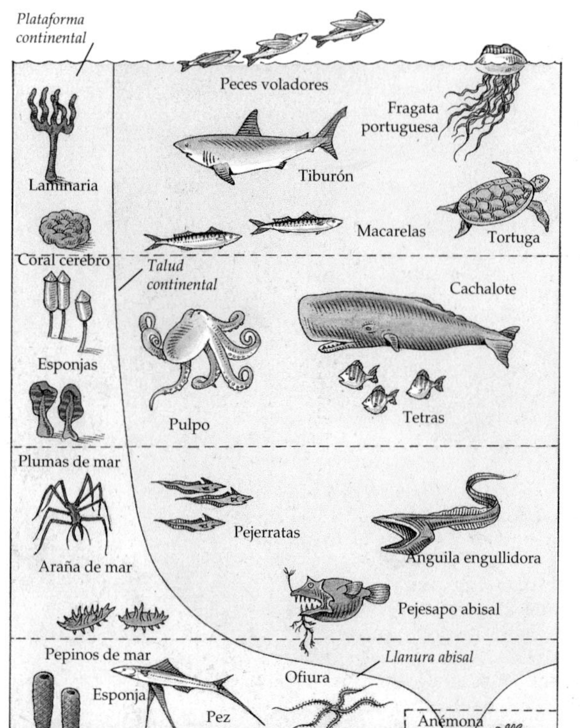

Nota: Las especies y las zonas no están dibujadas a escala

Zona iluminada
0–660 pies
(0–200 m)

Zona crepuscular
660–3,300 pies
(200–1,000 m)

Zona oscura
3,300–13,200 pies
(1,000–4,000 m)

Zona abisal
13,200–19,800 pies
(4,000–6,000 m)

Fosa
Más de 19,800 pies
(6,000 m)

El pejegato abisal mide sólo 20 pulg (50 cm) de largo

ZONAS OCEÁNICAS
El océano se divide en zonas amplias según la temperatura, la presión del agua y la profundidad a la que penetra la luz solar. En la zona iluminada hay mucha luz, el agua se mueve y sufre cambios de temperatura estacionales. Abajo se encuentra la zona crepuscular, la profundidad máxima a la que la luz penetra. Aquí las temperaturas descienden con rapidez a mayor profundidad hasta unos 41°F (5°C). Más abajo está la zona oscura, donde no hay luz y la temperatura llega hasta 34–36°F (1–2°C). A una mayor profundidad están los abismos y fosas. También el lecho marino tiene divisiones. La zona de menor profundidad es la plataforma continental. Le siguen el talud continental, las llanuras abisales y las fosas del suelo marino.

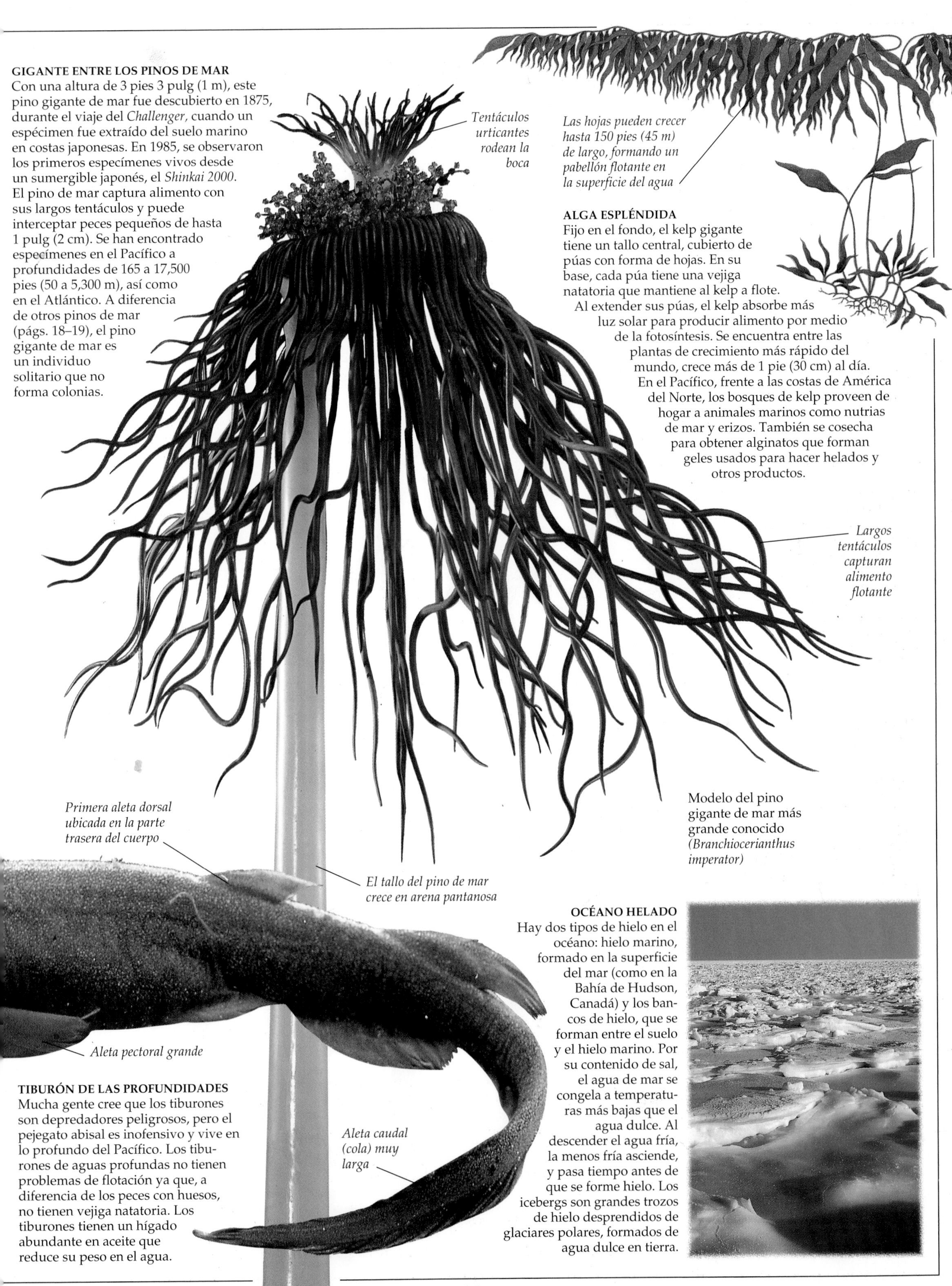

Modelo del pino gigante de mar más grande conocido *(Branchiocerianthus imperator)*

GIGANTE ENTRE LOS PINOS DE MAR

Con una altura de 3 pies 3 pulg (1 m), este pino gigante de mar fue descubierto en 1875, durante el viaje del *Challenger*, cuando un espécimen fue extraído del suelo marino en costas japonesas. En 1985, se observaron los primeros especímenes vivos desde un sumergible japonés, el *Shinkai 2000*. El pino de mar captura alimento con sus largos tentáculos y puede interceptar peces pequeños de hasta 1 pulg (2 cm). Se han encontrado especímenes en el Pacífico a profundidades de 165 a 17,500 pies (50 a 5,300 m), así como en el Atlántico. A diferencia de otros pinos de mar (págs. 18–19), el pino gigante de mar es un individuo solitario que no forma colonias.

ALGA ESPLÉNDIDA

Fijo en el fondo, el kelp gigante tiene un tallo central, cubierto de púas con forma de hojas. En su base, cada púa tiene una vejiga natatoria que mantiene al kelp a flote.

Al extender sus púas, el kelp absorbe más luz solar para producir alimento por medio de la fotosíntesis. Se encuentra entre las plantas de crecimiento más rápido del mundo, crece más de 1 pie (30 cm) al día.

En el Pacífico, frente a las costas de América del Norte, los bosques de kelp proveen de hogar a animales marinos como nutrias de mar y erizos. También se cosecha para obtener alginatos que forman geles usados para hacer helados y otros productos.

TIBURÓN DE LAS PROFUNDIDADES

Mucha gente cree que los tiburones son depredadores peligrosos, pero el pejegato abisal es inofensivo y vive en lo profundo del Pacífico. Los tiburones de aguas profundas no tienen problemas de flotación ya que, a diferencia de los peces con huesos, no tienen vejiga natatoria. Los tiburones tienen un hígado abundante en aceite que reduce su peso en el agua.

OCÉANO HELADO

Hay dos tipos de hielo en el océano: hielo marino, formado en la superficie del mar (como en la Bahía de Hudson, Canadá) y los bancos de hielo, que se forman entre el suelo y el hielo marino. Por su contenido de sal, el agua de mar se congela a temperaturas más bajas que el agua dulce. Al descender el agua fría, la menos fría asciende, y pasa tiempo antes de que se forme hielo. Los icebergs son grandes trozos de hielo desprendidos de glaciares polares, formados de agua dulce en tierra.

Oleaje y clima

EL AGUA DE MAR SE mueve constantemente. En la superficie, las olas generadas por el viento pueden medir 50 pies (15 m). Las corrientes en las superficies son impulsadas por los vientos dominantes, y junto con las profundas modifican el clima al llevar agua fría de los polos hacia los trópicos y viceversa, afectando la vida en el océano. En un suceso climático como El Niño fluye agua cálida hacia el sur por el oeste de América del Sur y detiene el agua fría, abundante en nutrimento, que intenta subir a la superficie, lo cual disminuye el crecimiento de plancton, afectando así la industria pesquera. El calor de los océanos provoca desde huracanes hasta brisas diurnas en la costa y nocturnas en mar abierto. Las brisas ocurren cuando el océano se calienta más lento que la tierra en el día. El aire frío sobre el mar sopla, reemplazando al aire caliente sobre la tierra y a la inversa por la noche.

DENTRO DE UN TORBELLINO
Los torbellinos de agua se inician cuando un remolino de aire baja de una tormenta en la atmósfera hasta la superficie del océano.

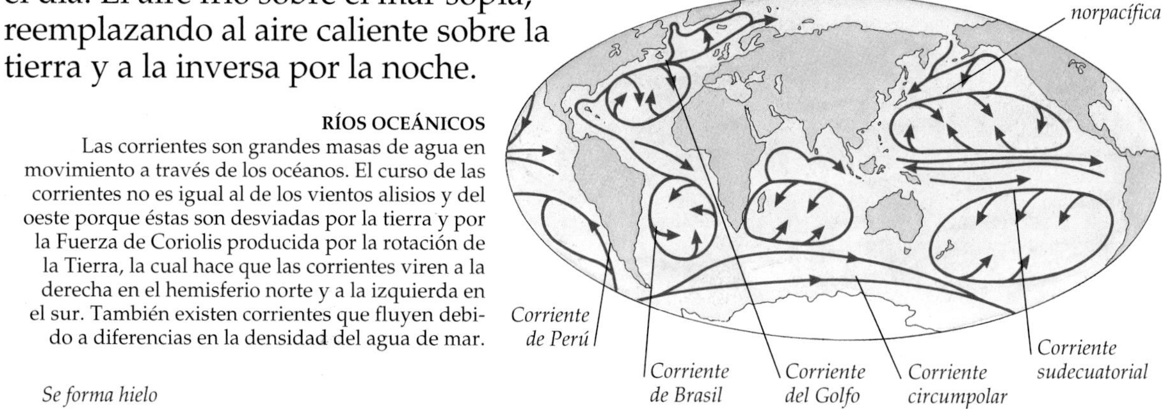

RÍOS OCEÁNICOS
Las corrientes son grandes masas de agua en movimiento a través de los océanos. El curso de las corrientes no es igual al de los vientos alisios y del oeste porque éstas son desviadas por la tierra y por la Fuerza de Coriolis producida por la rotación de la Tierra, la cual hace que las corrientes viren a la derecha en el hemisferio norte y a la izquierda en el sur. También existen corrientes que fluyen debido a diferencias en la densidad del agua de mar.

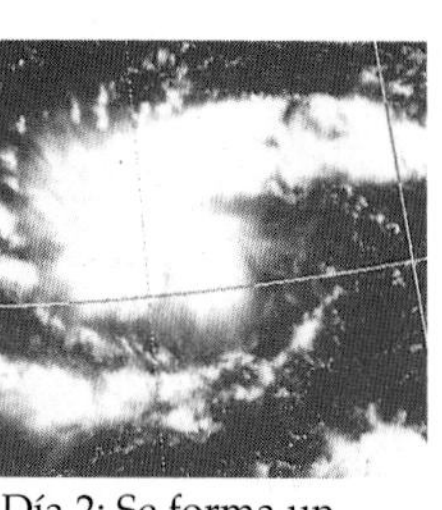

Día 2: Se forma un remolino de nubes

Día 4: Aumenta la intensidad del viento

Día 7: Fuertes vientos

NACE UN HURACÁN
Huracán en formación visto desde un satélite. El día 2 se forma un remolino de nubes. El día 4 se desarrollan fuertes vientos alrededor del centro. Para el día 7 los vientos soplan al máximo.

Se forma hielo en la cima de las nubes

Los huracanes son enormes, algunos pueden tener 500 millas (800 km) de diámetro

Vapor caliente de agua sube en espiral alrededor del ojo dentro del huracán

Caen lluvias torrenciales

La energía para generar una tormenta proviene del océano cálido a 80°F (27°C) o más

Fuertes vientos de hasta 220 mph (360 kph) justo fuera del ojo del huracán

EL OJO DEL HURACÁN
Los huracanes (o tifones) son las fuerzas más destructivas del océano. Nacen en los trópicos, donde el vapor de agua se eleva formando nubes de tormenta. Al subir más vapor, se libera más energía, aumentando la fuerza de los vientos alrededor del ojo (una zona de calma de baja presión). Los huracanes que entran en tierra firme son devastadores. Lejos del océano los huracanes mueren.

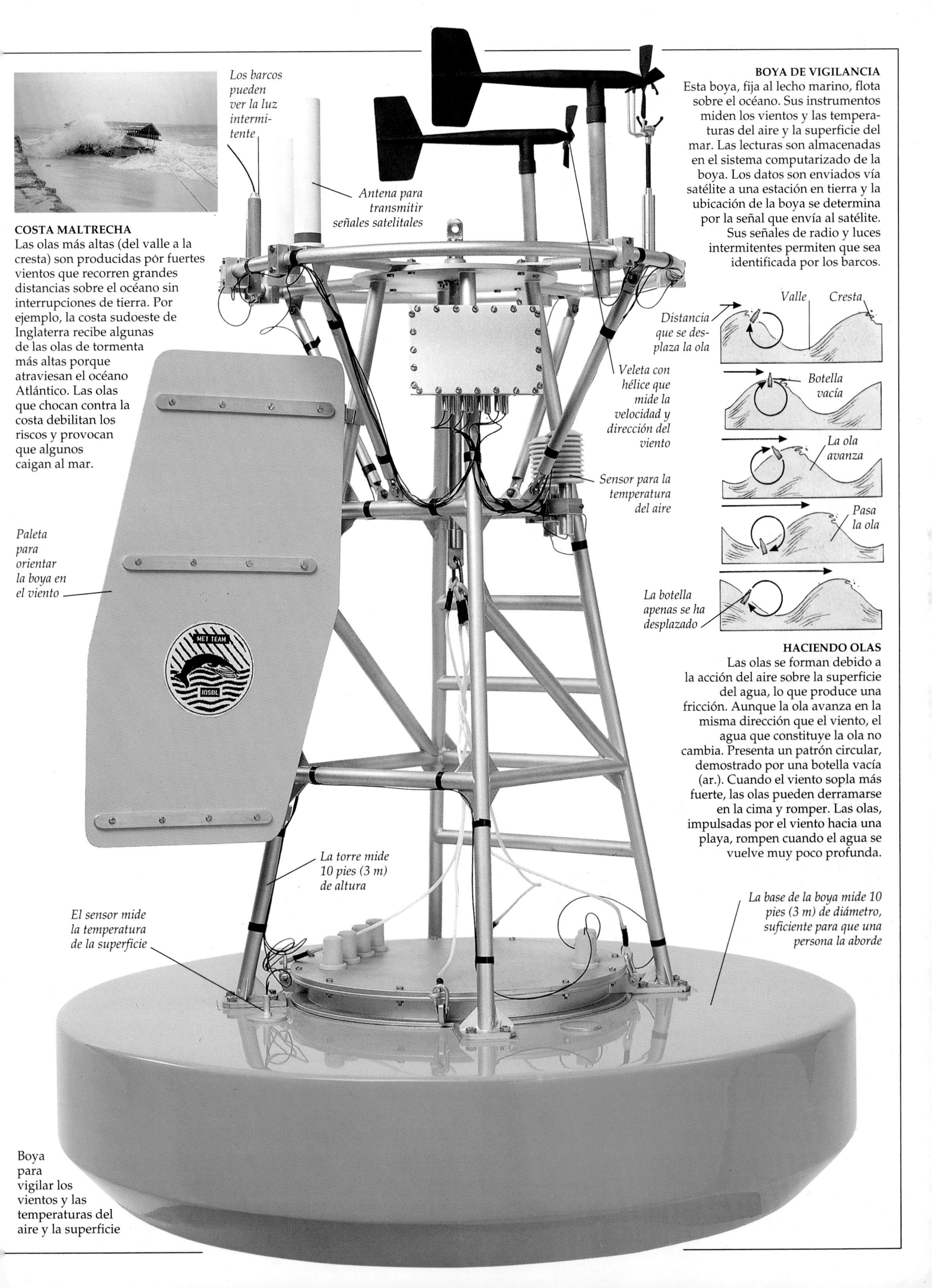

COSTA MALTRECHA

Las olas más altas (del valle a la cresta) son producidas por fuertes vientos que recorren grandes distancias sobre el océano sin interrupciones de tierra. Por ejemplo, la costa sudoeste de Inglaterra recibe algunas de las olas de tormenta más altas porque atraviesan el océano Atlántico. Las olas que chocan contra la costa debilitan los riscos y provocan que algunos caigan al mar.

BOYA DE VIGILANCIA

Esta boya, fija al lecho marino, flota sobre el océano. Sus instrumentos miden los vientos y las temperaturas del aire y la superficie del mar. Las lecturas son almacenadas en el sistema computarizado de la boya. Los datos son enviados vía satélite a una estación en tierra y la ubicación de la boya se determina por la señal que envía al satélite. Sus señales de radio y luces intermitentes permiten que sea identificada por los barcos.

HACIENDO OLAS

Las olas se forman debido a la acción del aire sobre la superficie del agua, lo que produce una fricción. Aunque la ola avanza en la misma dirección que el viento, el agua que constituye la ola no cambia. Presenta un patrón circular, demostrado por una botella vacía (ar.). Cuando el viento sopla más fuerte, las olas pueden derramarse en la cima y romper. Las olas, impulsadas por el viento hacia una playa, rompen cuando el agua se vuelve muy poco profunda.

Boya para vigilar los vientos y las temperaturas del aire y la superficie

Arenoso y fangoso

EN AGUAS LITORALES POCO PROFUNDAS, desde la parte más baja de la costa hasta la orilla de la plataforma continental, arena y fango son arrastrados de la tierra, creando extensiones de suelo marino que parecen desiertos submarinos. El fango de textura fina se asienta donde el agua está más tranquila. Sin rocas, no abunda el crecimiento de algas, así que los animales que se aventuran a la superficie están expuestos a los depredadores. Muchas criaturas se esconden de ellos en el lecho marino blando. Algunos gusanos se ocultan en sus propios tubos y se alimentan extendiendo tentáculos o absorbiendo agua que contiene partículas de alimento. Otros, como el ratón de mar, se mueven en busca de comida. Los peces planos como el lenguado abundan en el lecho arenoso, buscando alimento, como gusanos empenachados. Los animales que se muestran aquí habitan el litoral del Atlántico.

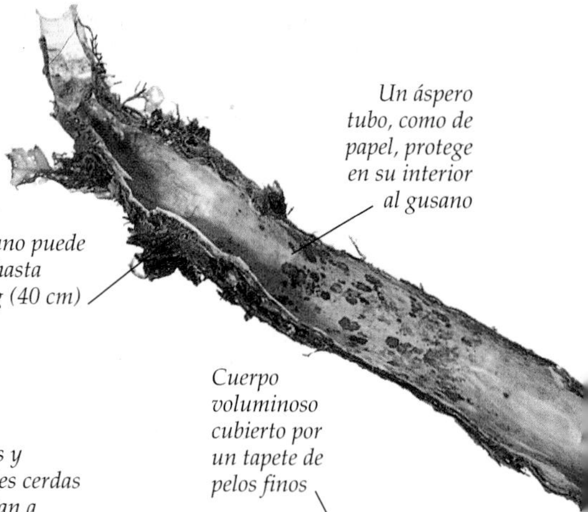

Un áspero tubo, como de papel, protege en su interior al gusano

El gusano puede crecer hasta 16 pulg (40 cm)

Cuerpo voluminoso cubierto por un tapete de pelos finos

Gruesas y brillantes cerdas lo ayudan a moverse sobre el lecho marino

BELLO GUSANO DE CERDAS
El ratón de mar, o gusano de cerdas, deja un surco a su paso por el lecho marino arenoso y a menudo es arrastrado a la playa durante las tormentas. Las brillantes cerdas de colores le ayudan a impulsarse y lo hacen menos apetecible para los peces. Este gusano mantiene la cola fuera de la arena para crear una corriente de agua fresca y poder respirar. Crecen hasta 4 pulg (10 cm) y comen animales muertos que encuentran en la arena.

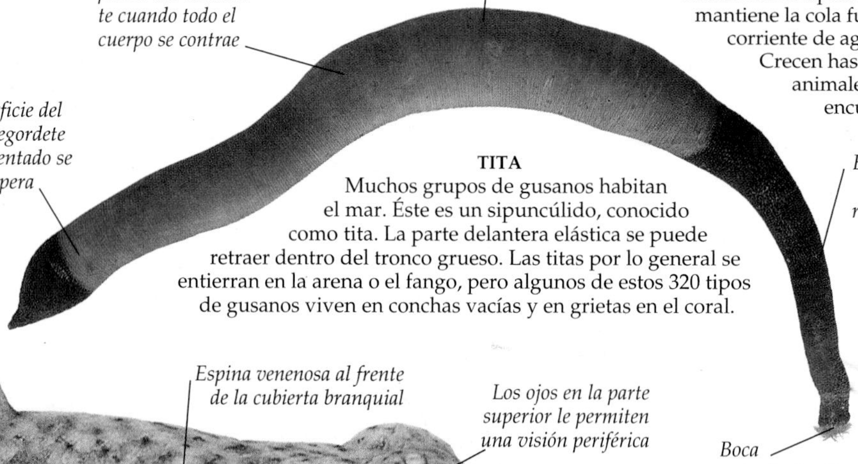

El color claro lo ayuda a confundirse con la arena

El tronco grueso parece un cacahuate cuando todo el cuerpo se contrae

La superficie del cuerpo regordete no segmentado se siente áspera

El frente puede retraerse

Boca rodeada de tentáculos

TITA
Muchos grupos de gusanos habitan el mar. Éste es un sipuncúlido, conocido como tita. La parte delantera elástica se puede retraer dentro del tronco grueso. Las titas por lo general se entierran en la arena o el fango, pero algunos de estos 320 tipos de gusanos viven en conchas vacías y en grietas en el coral.

Espinas venenosas en la primera aleta dorsal

Espina venenosa al frente de la cubierta branquial

Los ojos en la parte superior le permiten una visión periférica

SALVARIEGO
Cuando un salvariego se entierra en la arena, asoma sus ojos y puede ver lo que pasa. Las espinas venenosas del salvariego están situadas de manera estratégica para su defensa. Si se pisa un pez por accidente o si es arrastrado en las redes de los pescadores, las espinas pueden causar molestas heridas.

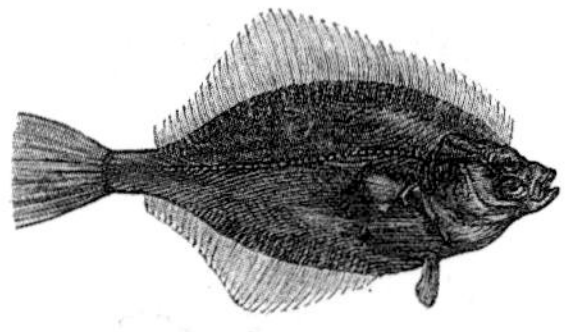

PEZ PLANO
Los lenguados recorren el lecho marino buscando alimento. Pueden morder los tentáculos de los gusanos apenachados si son lo bastante rápidos para capturarlos.

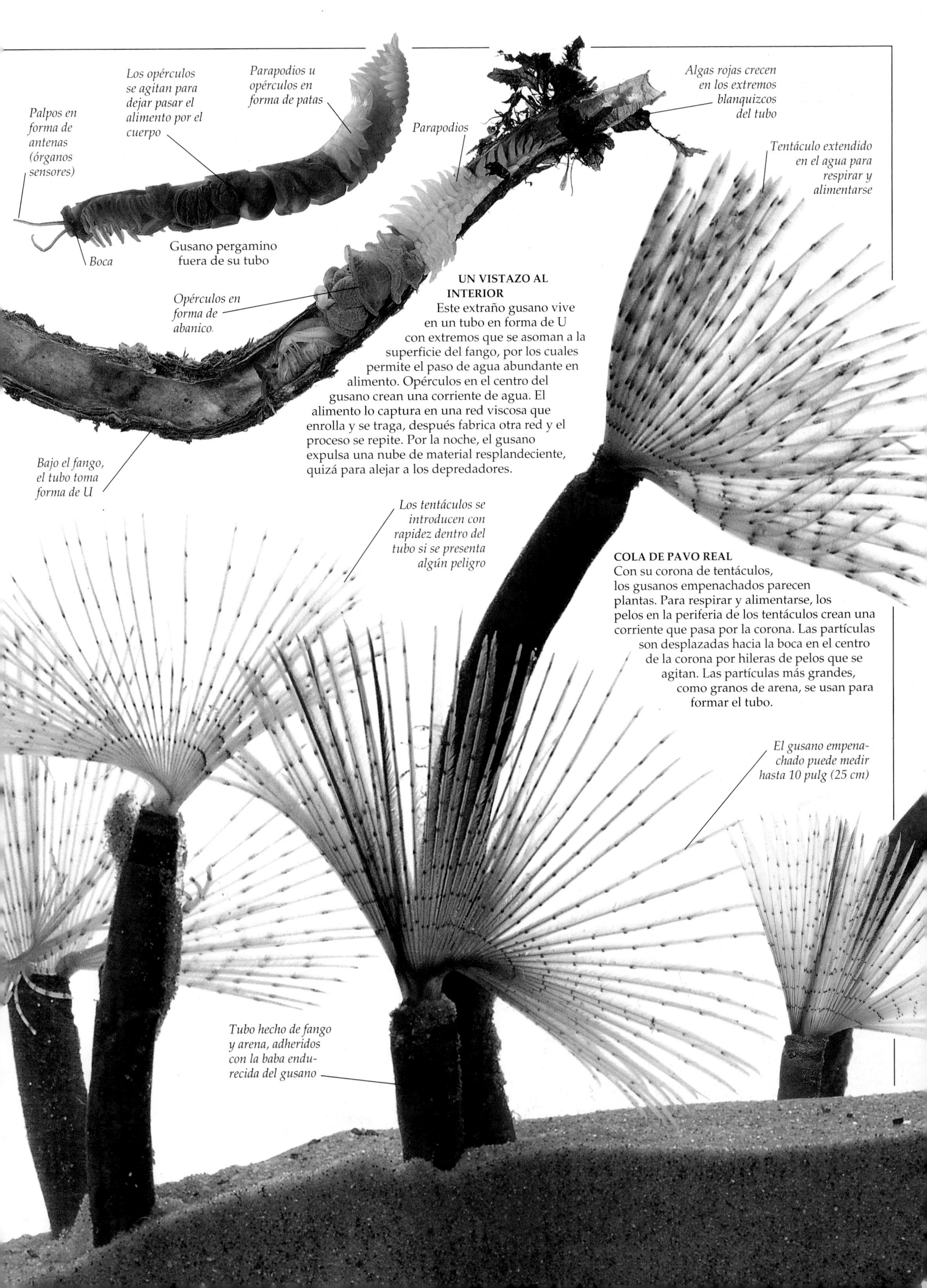

UN VISTAZO AL INTERIOR

Este extraño gusano vive en un tubo en forma de U con extremos que se asoman a la superficie del fango, por los cuales permite el paso de agua abundante en alimento. Opérculos en el centro del gusano crean una corriente de agua. El alimento lo captura en una red viscosa que enrolla y se traga, después fabrica otra red y el proceso se repite. Por la noche, el gusano expulsa una nube de material resplandeciente, quizá para alejar a los depredadores.

COLA DE PAVO REAL

Con su corona de tentáculos, los gusanos empenachados parecen plantas. Para respirar y alimentarse, los pelos en la periferia de los tentáculos crean una corriente que pasa por la corona. Las partículas son desplazadas hacia la boca en el centro de la corona por hileras de pelos que se agitan. Las partículas más grandes, como granos de arena, se usan para formar el tubo.

Lecho marino blando

AL NADAR SOBRE un lecho marino blando, con máscara y esnórkel, solo pueden verse algunos animales porque la mayoría vive bajo la arena. Observando bien, se pueden ver signos de vida enterrada, la antena de un cangrejo o el sifón de una almeja, que les sirven para obtener agua limpia con oxígeno para respirar. Algunos peces, como el águila marina, visita el lecho blando para alimentarse de almejas. Otros animales se encuentran solo en fondos arenosos donde crecen pastos marinos, que no son algas, sino plantas con flores. Éstas son alimento de muchos animales, incluyendo vacas marinas (dugongos y manatíes), los únicos mamíferos marinos herbívoros.

Una piel dura protege al dugongo

DUGONGO
Vive en aguas bajas tropicales y se alimenta de pastos que crecen en el lecho marino blando. A menudo excava la arena para comer nutritivas raíces. Estos gentiles y tímidos animales aún son presa de cazadores en algunos lugares.

EMBARCACIÓN DE CONCHA
En *Nacimiento de Venus*, de Botticelli, la diosa romana emerge en una concha de vieira. En realidad las conchas de vieira son muy pesadas para flotar y mucho más pequeñas.

El pólipo se despliega para alimentarse

PLUMA ELEGANTE
Con el aspecto de una pluma antigua, este pariente de las anémonas (págs. 28-29) vive en el lecho marino blando. Usa las hileras de pólipos a los lados para capturar pequeños animales y alimentarse. Las plumas de mar brillan en la oscuridad si se les perturba. Algunas crecen en el fondo del mar profundo.

Esta pluma de mar puede crecer hasta 8 pulg (20 cm) de altura

La larga aleta dorsal corre a lo largo de casi todo el cuerpo

PEZ CINTA
Por lo general, este pez vive en escondrijos en el lecho blando, a profundidades de hasta 660 pies (200 m). También se le puede encontrar nadando entre pastos marinos. A veces aparece en la playa después de una tormenta. Al nadar, fuera de su escondite, realiza movimientos ondulares con su cuerpo. Se alimenta de animales pequeños.

Aleta anal larga

El pez cinta puede crecer hasta 28 pulg (70 cm) de largo

El tallo de la pluma de mar se fija al lecho arenoso

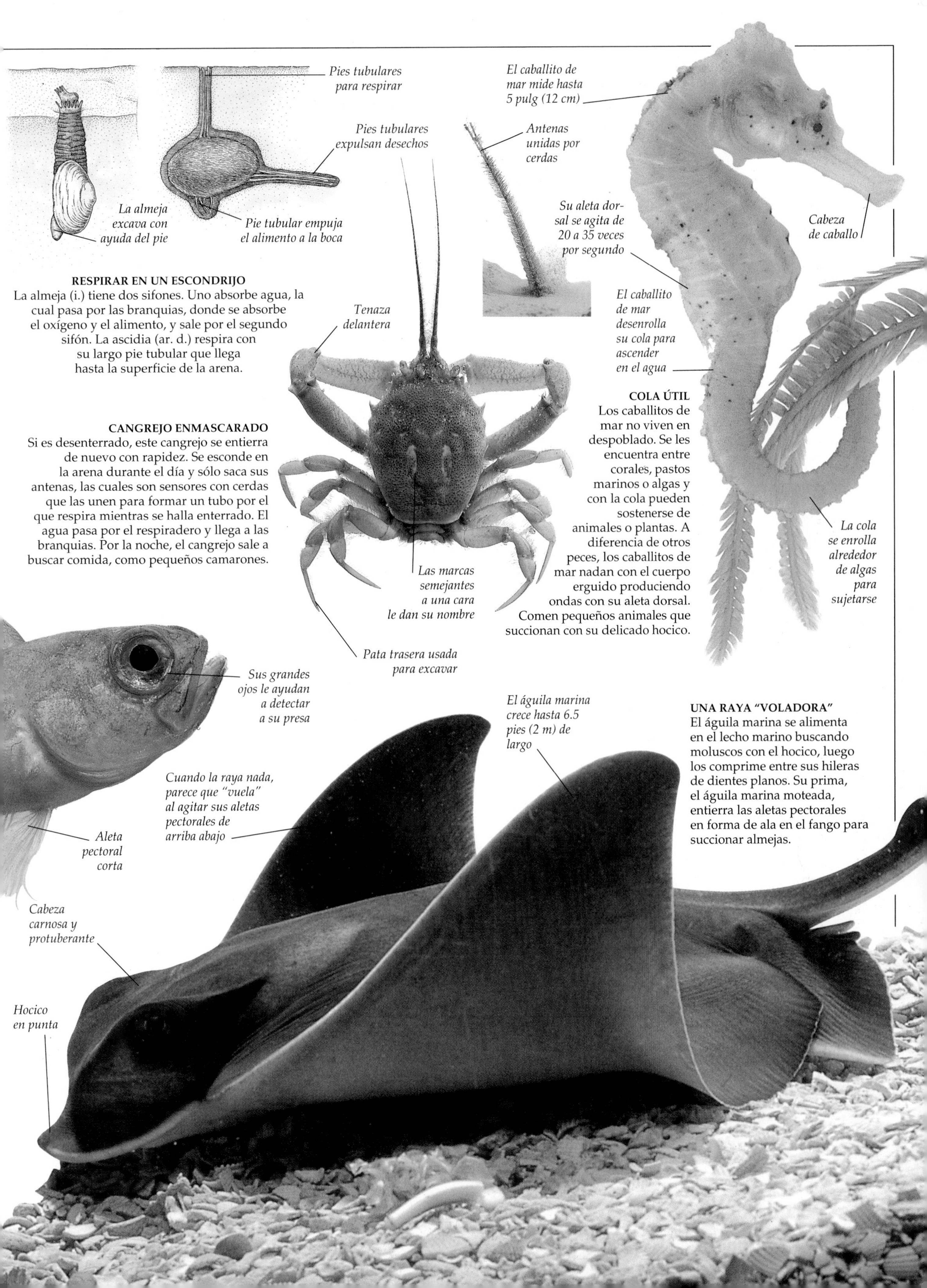

RESPIRAR EN UN ESCONDRIJO
La almeja (i.) tiene dos sifones. Uno absorbe agua, la cual pasa por las branquias, donde se absorbe el oxígeno y el alimento, y sale por el segundo sifón. La ascidia (ar. d.) respira con su largo pie tubular que llega hasta la superficie de la arena.

CANGREJO ENMASCARADO
Si es desenterrado, este cangrejo se entierra de nuevo con rapidez. Se esconde en la arena durante el día y sólo saca sus antenas, las cuales son sensores con cerdas que las unen para formar un tubo por el que respira mientras se halla enterrado. El agua pasa por el respiradero y llega a las branquias. Por la noche, el cangrejo sale a buscar comida, como pequeños camarones.

COLA ÚTIL
Los caballitos de mar no viven en despoblado. Se les encuentra entre corales, pastos marinos o algas y con la cola pueden sostenerse de animales o plantas. A diferencia de otros peces, los caballitos de mar nadan con el cuerpo erguido produciendo ondas con su aleta dorsal. Comen pequeños animales que succionan con su delicado hocico.

UNA RAYA "VOLADORA"
El águila marina se alimenta en el lecho marino buscando moluscos con el hocico, luego los comprime entre sus hileras de dientes planos. Su prima, el águila marina moteada, entierra las aletas pectorales en forma de ala en el fango para succionar almejas.

Rocas bajo el agua

LAS ROCAS FORMAN EL LECHO MARINO en aguas litorales, donde las corrientes arrastran la arena y el fango. Como el agua se mueve más, los animales deben sujetarse a las rocas, encontrar grietas para esconderse o refugiarse entre las algas. Animales como las barrenas (almejas) y algunos erizos, perforan la roca sólida para formar sus hogares. Los erizos perforan rocas duras y las barrenas horadan rocas más suaves, como arenisca y caliza. Algunos animales se ocultan bajo piedras pequeñas, pero sólo si viven en el lecho marino blando. Donde hay piedras sueltas, animales y algas pueden ser aplastados, pero algunos crustáceos, como la langosta, pueden regenerar una extremidad perdida, aplastada por una piedra, y las estrellas de mar pueden regenerar un brazo. Algunos sobreviven en charcos del litoral, pero muchos necesitan estar sumergidos.

Erizo de mar perforando la roca

Barrena

PERFORADORES DE ROCAS
Algunos erizos usan las púas y dientes bajo su concha para perforar la roca; las barrenas taladran con la punta de sus conchas. Con su musculoso pie, las barrenas giran para taladrar y acomodarse en su refugio. Ambos se encuentran en aguas poco profundas y el litoral más alto.

Aleta dorsal con una mancha en forma de ojo para alejar a los depredadores

MARIPOSA HERMOSA
Las blenias, peces pequeños de aguas poco profundas, a menudo descansan sobre el fondo y se ocultan en hendiduras. Ponen sus huevos en lugares protegidos, como botellas abandonadas, y los resguardan de los depredadores. Comen criaturas pequeñas, como garrapatas, y viven en suelos rocosos a 66 pies (20 m).

Caparazón espinoso para amedrentar a los depredadores

LANGOSTA ESPINOSA
La langosta espinosa europea es café rojiza en vida. Con sus pequeñas tenazas, sólo puede comer presas blandas, como gusanos, o devorar animales muertos. Vive entre rocas, escondida en grietas durante el día, pero se aventura a recorrer el lecho marino por la noche en busca de alimento. Algunas especies de langosta espinosa caminan en fila tocando con sus antenas a la langosta de adelante.

Delicada garra en la punta de la pata

Langosta espinosa europea

Pata usada para caminar

La langosta puede agitar la cola para nadar hacia atrás

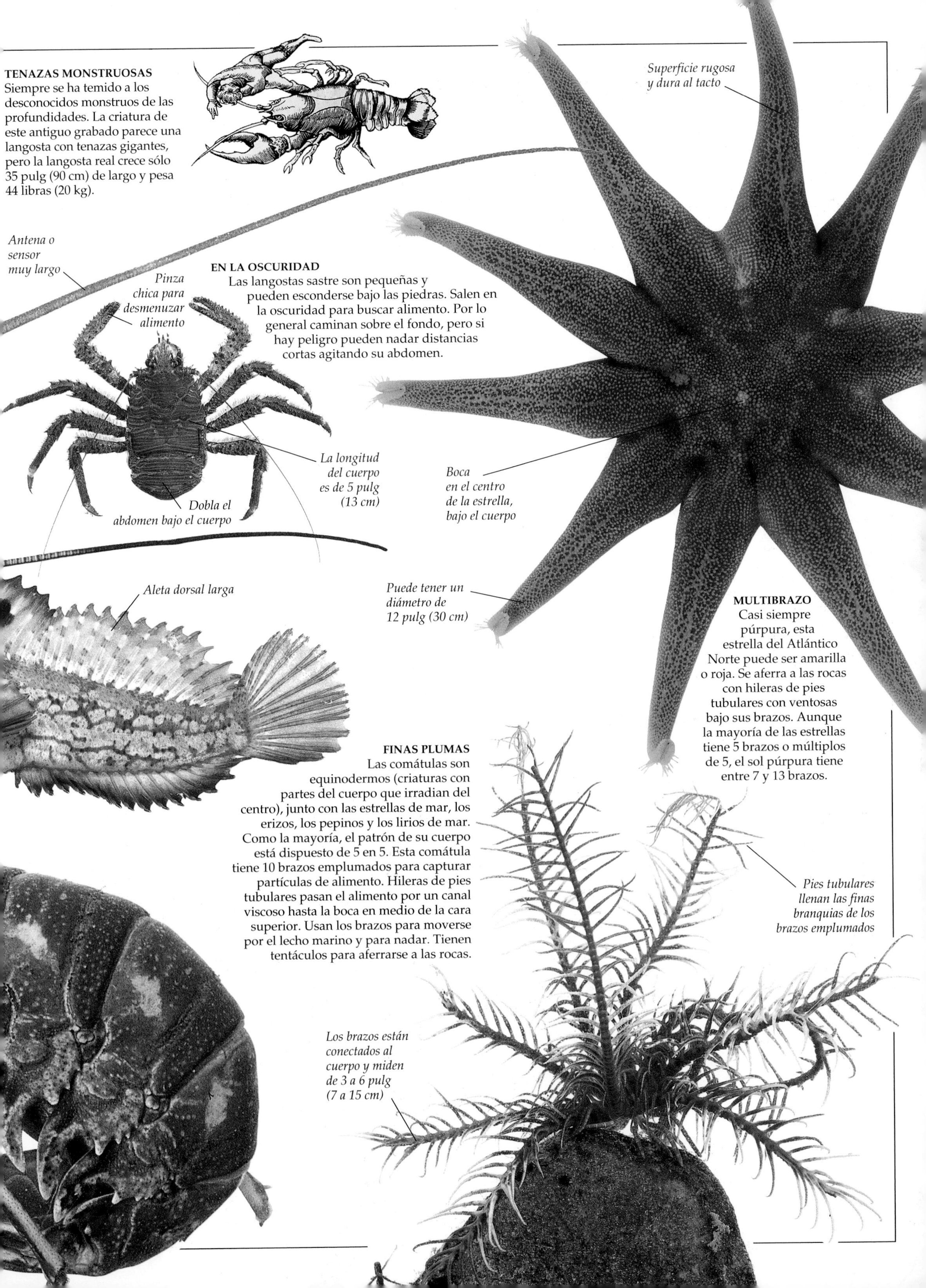

TENAZAS MONSTRUOSAS
Siempre se ha temido a los desconocidos monstruos de las profundidades. La criatura de este antiguo grabado parece una langosta con tenazas gigantes, pero la langosta real crece sólo 35 pulg (90 cm) de largo y pesa 44 libras (20 kg).

EN LA OSCURIDAD
Las langostas sastre son pequeñas y pueden esconderse bajo las piedras. Salen en la oscuridad para buscar alimento. Por lo general caminan sobre el fondo, pero si hay peligro pueden nadar distancias cortas agitando su abdomen.

MULTIBRAZO
Casi siempre púrpura, esta estrella del Atlántico Norte puede ser amarilla o roja. Se aferra a las rocas con hileras de pies tubulares con ventosas bajo sus brazos. Aunque la mayoría de las estrellas tiene 5 brazos o múltiplos de 5, el sol púrpura tiene entre 7 y 13 brazos.

FINAS PLUMAS
Las comátulas son equinodermos (criaturas con partes del cuerpo que irradian del centro), junto con las estrellas de mar, los erizos, los pepinos y los lirios de mar. Como la mayoría, el patrón de su cuerpo está dispuesto de 5 en 5. Esta comátula tiene 10 brazos emplumados para capturar partículas de alimento. Hileras de pies tubulares pasan el alimento por un canal viscoso hasta la boca en medio de la cara superior. Usan los brazos para moverse por el lecho marino y para nadar. Tienen tentáculos para aferrarse a las rocas.

En las rocas

En aguas frescas y poco profundas del lecho marino rocoso, los bosques de kelp (grandes algas pardas) son donde viven y cazan muchos animales. Los peces nadan entre las frondas gigantes. En la costa del Pacífico de América del Norte, las nutrias se envuelven en el kelp para dormir sobre la superficie. Sujetos a las rocas, los rizoides del kelp albergan hordas de criaturas, como cangrejos y otras algas marinas. A diferencia de las raíces de plantas terrestres, los rizoides son solo sujetadores y no absorben agua ni nutrimento. Otros animales crecen en la superficie del kelp o en las rocas y capturan alimento que arrastra la corriente. Los pinos de mar parecen plantas, pero son animales parientes de las anémonas, medusas y corales, y poseen tentáculos urticantes. En las rocas, el mejillón provee hogar a animales entre o dentro de su concha.

Kelp, tipo de alga parda encontrado en el océano Pacífico

MAMÍFERO ENCANTADOR
Las nutrias de mar nadan y descansan entre las frondas gigantes de kelp en la costa del Pacífico de América del Norte. Se sumergen para sacar almejas que abren a golpes contra una roca que equilibran sobre el pecho.

LINDA CRIATURA
Las lompas jóvenes son más hermosas que sus sosos padres, los cuales se adhieren a las rocas con una ventosa bajo su vientre. Las hembras adultas se trasladan a aguas poco profundas para procrear y el padre vigila los huevos.

Cuerpo sin escamas cubierto de verrugas

Lompa joven

Cada dedo regordete mide por lo menos 1.25 pulg (3 cm) de ancho

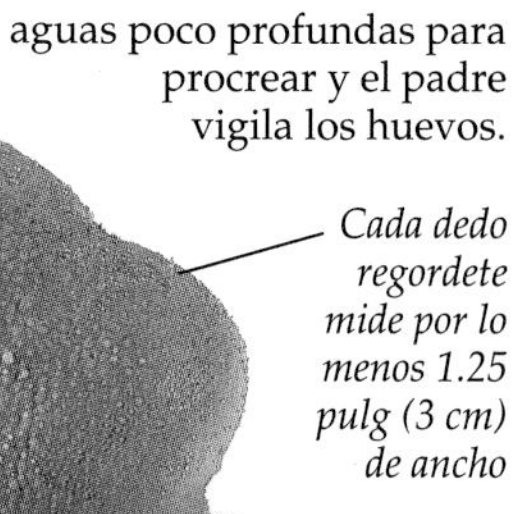

Dedos carnosos sostenidos por un sinnúmero de pequeñas astillas

Pólipos blancos parecidos a las anémonas capturan alimento en las fuertes corrientes

ALGA ANCLADA
Los rizoides de la erguida y resistente alga llamada kelp se sujetan firmemente a las rocas. Como crece en aguas poco profundas, el sargazo recibe el embate del oleaje.

Rizoides de alga laminaria

Los rizoides deben ser fuertes, ya que algunos kelp crecen más de 33 pies (10 m)

CORAL MANO DE MUERTO
Al ser bañado en los litorales, este coral blando hace honor a su nombre, ¡por su forma carnosa! Crece en las rocas. Las colonias están formadas por pólipos (cuerpos de alimentación) dentro de una base carnosa color naranja o blanco.

Agallas

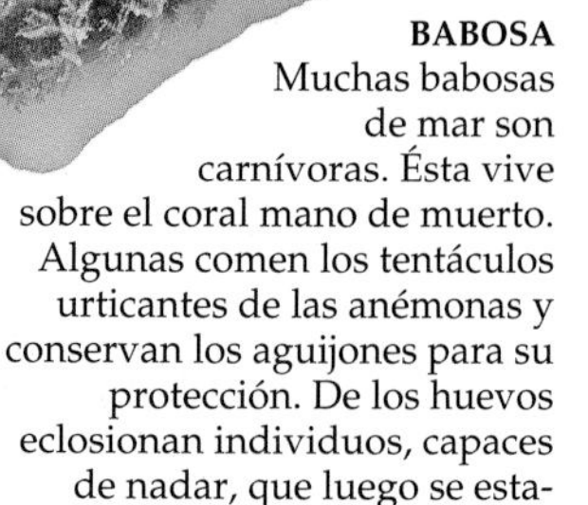

TAPETE DE MAR
Ese encaje que se ve sobre el kelp (i.) son briozoos, o animales musgo. Viven en colonias donde los individuos crecen uno junto a otro. Cada compartimiento aloja a un animal que sale para alimentarse, capturando comida con sus diminutos tentáculos. La colonia crece conforme los individuos hacen brotar nuevos individuos. Otros tipos crecen hacia arriba, adquiriendo la apariencia de corales o algas. Una lapa rayada azul pasta en la superficie del alga entre los tapetes de mar.

BABOSA
Muchas babosas de mar son carnívoras. Ésta vive sobre el coral mano de muerto. Algunas comen los tentáculos urticantes de las anémonas y conservan los aguijones para su protección. De los huevos eclosionan individuos, capaces de nadar, que luego se establecen y convierten en adultos.

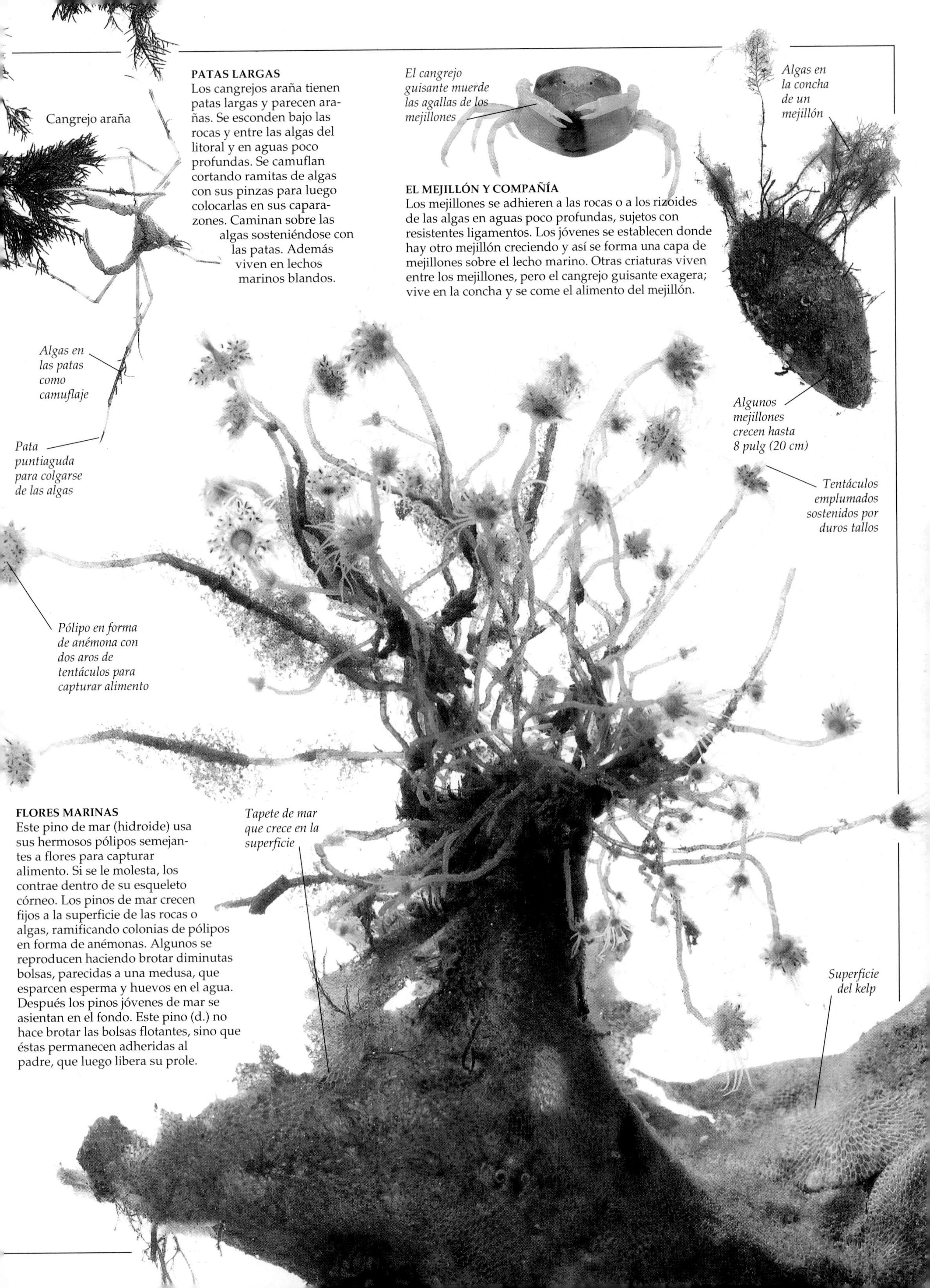

PATAS LARGAS

Los cangrejos araña tienen patas largas y parecen arañas. Se esconden bajo las rocas y entre las algas del litoral y en aguas poco profundas. Se camuflan cortando ramitas de algas con sus pinzas para luego colocarlas en sus caparazones. Caminan sobre las algas sosteniéndose con las patas. Además viven en lechos marinos blandos.

EL MEJILLÓN Y COMPAÑÍA

Los mejillones se adhieren a las rocas o a los rizoides de las algas en aguas poco profundas, sujetos con resistentes ligamentos. Los jóvenes se establecen donde hay otro mejillón creciendo y así se forma una capa de mejillones sobre el lecho marino. Otras criaturas viven entre los mejillones, pero el cangrejo guisante exagera; vive en la concha y se come el alimento del mejillón.

FLORES MARINAS

Este pino de mar (hidroide) usa sus hermosos pólipos semejantes a flores para capturar alimento. Si se le molesta, los contrae dentro de su esqueleto córneo. Los pinos de mar crecen fijos a la superficie de las rocas o algas, ramificando colonias de pólipos en forma de anémonas. Algunos se reproducen haciendo brotar diminutas bolsas, parecidas a una medusa, que esparcen esperma y huevos en el agua. Después los pinos jóvenes de mar se asientan en el fondo. Este pino (d.) no hace brotar las bolsas flotantes, sino que éstas permanecen adheridas al padre, que luego libera su prole.

El reino de los corales

EN LAS CÁLIDAS Y CRISTALINAS AGUAS de los trópicos, florecen vastos arrecifes de coral. Formados por esqueletos calcáreos de corales, los arrecifes se unen con alga caliza. La mayoría de los corales calcáreos son colonias de individuos, parecidos a las anémonas, llamados pólipos. Cada pólipo construye su tubo calizo (esqueleto) que protege su cuerpo blando. Para construirlos, los corales son ayudados por un alga microscópica unicelular que vive en su interior. El alga necesita luz solar para crecer, por eso los arrecifes se hallan en aguas superficiales soleadas. El coral obtiene alimento del alga y captura plancton con sus tentáculos. Sólo la capa superior del arrecife alberga corales vivos construidos sobre esqueletos de pólipos muertos. En los arrecifes también viven corales blandos y abanicos de mar, que no tienen esqueleto calcáreo. Familiares de anémonas y medusas, los corales crecen en una exquisita variedad de formas (hongo, margarita, cuerno de ciervo) y coloridos esqueletos.

Aguijones capturan el alimento

La boca expele desechos

Placas de esqueleto calcáreo

Estómago en forma de bolsa

DENTRO DE UN CORAL ANIMAL
En un coral duro, una capa de tejido une a cada pólipo con su vecino. Para reproducirse se dividen en dos o liberan huevos y esperma en el agua.

El esqueleto calcáreo del coral negro parece un ramillete de varitas

Abanico anaranjado de los océanos Índico y Pacífico

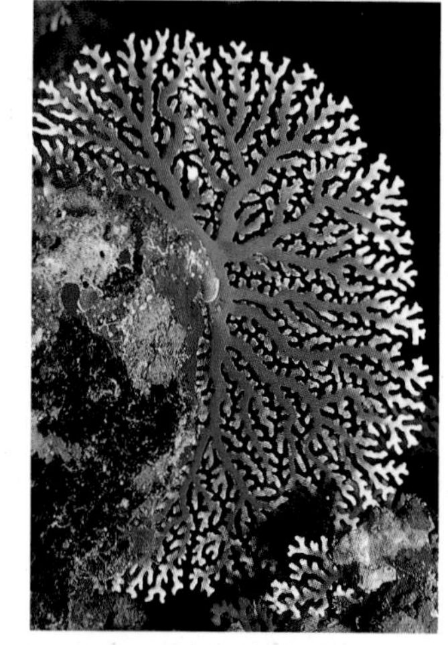

CORAL URTICANTE
El hidrocoral es pariente del pino de mar y, a diferencia del coral calcáreo y córneo, produce bolsas que llevan sus órganos sexuales. Conocido como coral de fuego, tiene potentes aguijones en los pólipos.

CORAL NEGRO
En los corales negros, el esqueleto da soporte a los tejidos y las ramas albergan pólipos parecidos a las anémonas. Se les encuentra en aguas tropicales, en las partes profundas de los arrecifes de coral. Aunque tardan mucho en crecer, el esqueleto negro algunas veces es usado en joyería.

Intrincada red desarrollada para soportar corrientes fuertes

Tallo de abanico de mar

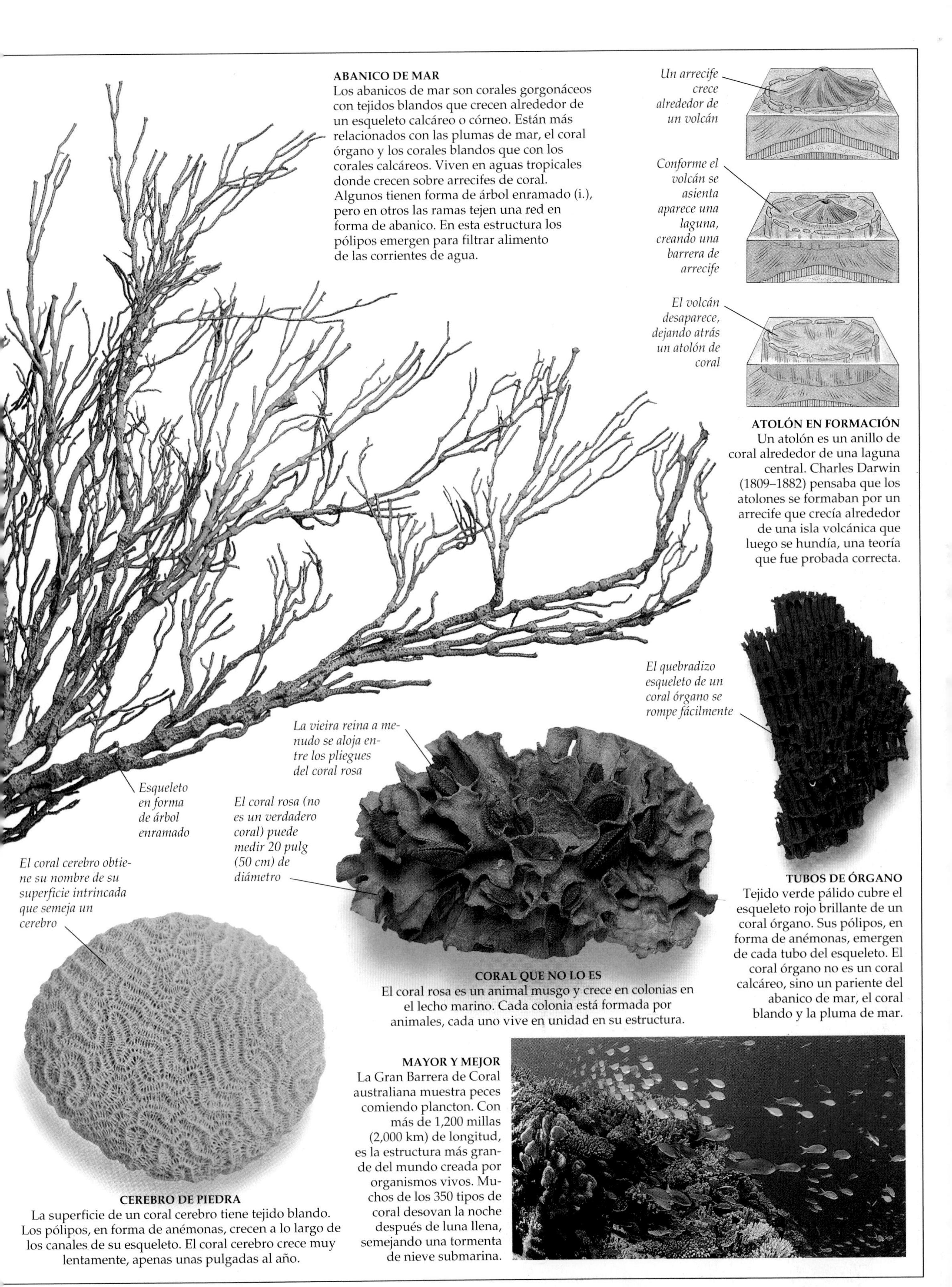

ABANICO DE MAR
Los abanicos de mar son corales gorgonáceos con tejidos blandos que crecen alrededor de un esqueleto calcáreo o córneo. Están más relacionados con las plumas de mar, el coral órgano y los corales blandos que con los corales calcáreos. Viven en aguas tropicales donde crecen sobre arrecifes de coral. Algunos tienen forma de árbol enramado (i.), pero en otros las ramas tejen una red en forma de abanico. En esta estructura los pólipos emergen para filtrar alimento de las corrientes de agua.

Un arrecife crece alrededor de un volcán

Conforme el volcán se asienta aparece una laguna, creando una barrera de arrecife

El volcán desaparece, dejando atrás un atolón de coral

ATOLÓN EN FORMACIÓN
Un atolón es un anillo de coral alrededor de una laguna central. Charles Darwin (1809–1882) pensaba que los atolones se formaban por un arrecife que crecía alrededor de una isla volcánica que luego se hundía, una teoría que fue probada correcta.

El quebradizo esqueleto de un coral órgano se rompe fácilmente

Esqueleto en forma de árbol enramado

La vieira reina a menudo se aloja entre los pliegues del coral rosa

El coral rosa (no es un verdadero coral) puede medir 20 pulg (50 cm) de diámetro

El coral cerebro obtiene su nombre de su superficie intrincada que semeja un cerebro

TUBOS DE ÓRGANO
Tejido verde pálido cubre el esqueleto rojo brillante de un coral órgano. Sus pólipos, en forma de anémonas, emergen de cada tubo del esqueleto. El coral órgano no es un coral calcáreo, sino un pariente del abanico de mar, el coral blando y la pluma de mar.

CORAL QUE NO LO ES
El coral rosa es un animal musgo y crece en colonias en el lecho marino. Cada colonia está formada por animales, cada uno vive en unidad en su estructura.

CEREBRO DE PIEDRA
La superficie de un coral cerebro tiene tejido blando. Los pólipos, en forma de anémonas, crecen a lo largo de los canales de su esqueleto. El coral cerebro crece muy lentamente, apenas unas pulgadas al año.

MAYOR Y MEJOR
La Gran Barrera de Coral australiana muestra peces comiendo plancton. Con más de 1,200 millas (2,000 km) de longitud, es la estructura más grande del mundo creada por organismos vivos. Muchos de los 350 tipos de coral desovan la noche después de luna llena, semejando una tormenta de nieve submarina.

Vida en un arrecife de coral

Manto

ALMEJA GIGANTE
La almeja gigante azul crece unos 1 pie (30 cm) pero las almejas gigantes más grandes pueden alcanzar 3 pies, 4 pulg (1 m). El colorido manto expuesto en la orilla de la concha tiene miles de algas unicelulares que producen su alimento utilizando luz solar. La almeja absorbe los nutrientes de la creciente cosecha de alga.

LOS ARRECIFES TIENEN una asombrosa variedad de vida marina, desde peces de colores brillantes hasta almejas gigantes. Todo espacio en el arrecife es un refugio o escondite para una planta o animal. Por la noche, criaturas maravillosas salen de cuevas y grietas para alimentarse. Los organismos del arrecife dependen de los corales calcáreos para su supervivencia, éstos reciclan los escasos nutrientes de las azules y claras aguas tropicales. Personas y animales dependen de los arrecifes para proteger las líneas costeras y atraer turismo. Algunas naciones están asentadas en atolones de coral. Por desgracia, a pesar de ser una maravilla natural del planeta, están amenazados. La destrucción es causada por la extracción de material para construcción, daños ocasionados por turistas y buzos que los tocan y pisan, pescadores que los dinamitan, coleccionistas que los rompen, la tierra erosionada de las selvas tropicales que los cubre y la contaminación por aguas negras y derrames de petróleo.

El color verde ayuda a la babosa a camuflarse entre algas

LECHUGA ESCAROLA
Las babosas de mar son parientes de los caracoles marinos, pero no tienen concha. Muchas viven en arrecifes y comen corales, pero la babosa lechuga se alimenta de algas, chupando la savia de células individuales. Los cloroplastos, la parte verde de las células vegetales, quedan en el sistema digestivo de la babosa donde continúan produciendo alimento. Otras babosas del arrecife tienen colores brillantes para advertir que son peligrosas, y reciclan las sustancias urticantes de los corales.

Tentáculos de la anémona de mar con aguijones para ahuyentar a los depredadores

Grandes ojos para advertir el peligro

La viscosa capa de mucosa protege al pez payaso de los tentáculos urticantes de la anémona

Aleta lateral para dirigir y cambiar de dirección

Las franjas rompen el contorno del pez payaso, lo que quizá haga que sea difícil detectarlo en el arrecife.

CONVIVENCIA EN ARMONÍA
El pez payaso vive entre anémonas en los arrecifes de coral de los océanos Pacífico e Índico. A diferencia de otros peces, no sufre los efectos urticantes de la anémona, está protegido por una viscosa capa mucosa. Las células urticantes de la anémona ni siquiera se activan en presencia de este pez. El payaso rara vez se aleja de su anémona por miedo a ser atacado por otros peces. Hay diferentes tipos de pez payaso que viven sólo con ciertos tipos de anémona.

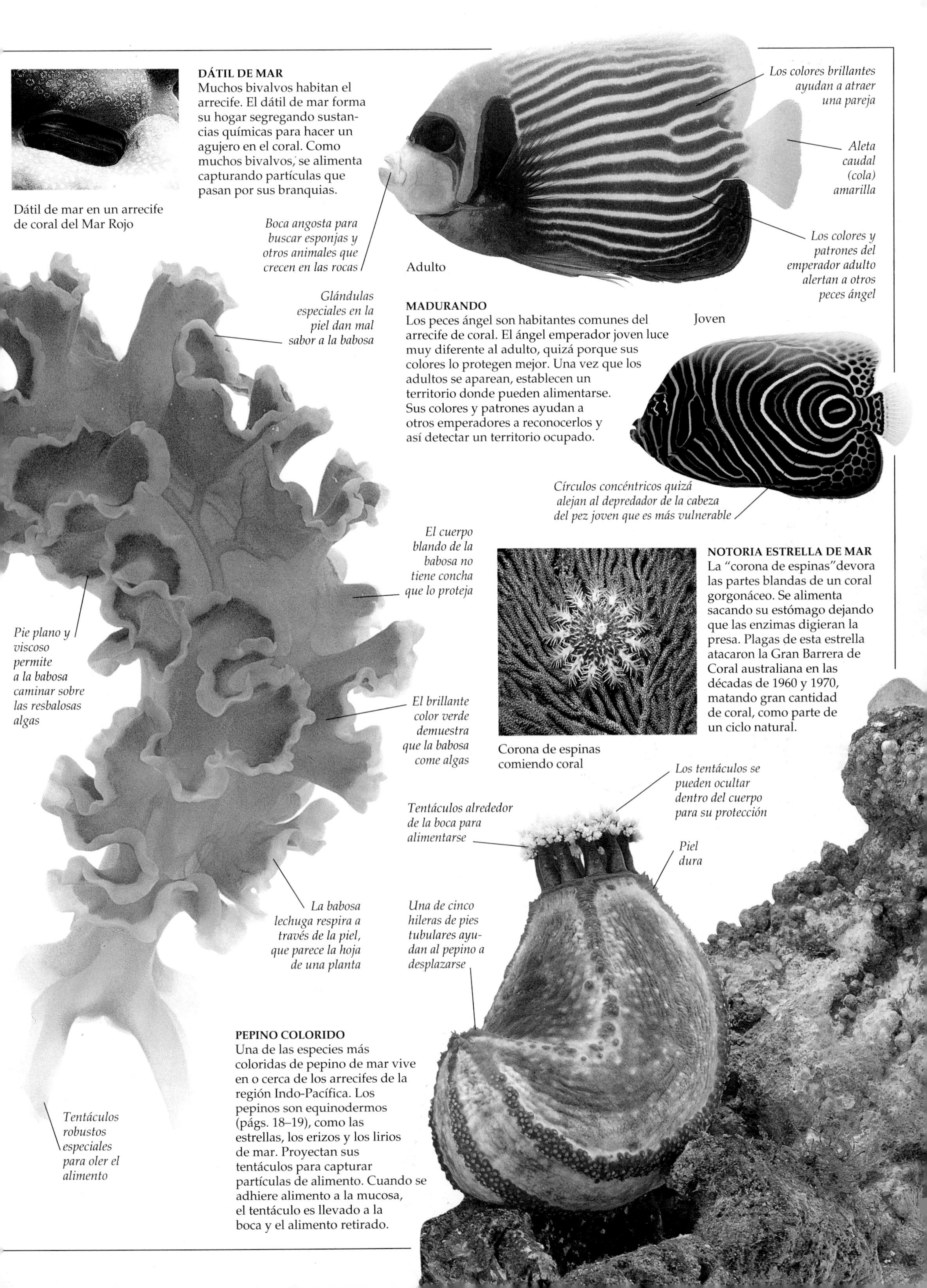

DÁTIL DE MAR
Muchos bivalvos habitan el arrecife. El dátil de mar forma su hogar segregando sustancias químicas para hacer un agujero en el coral. Como muchos bivalvos, se alimenta capturando partículas que pasan por sus branquias.

Dátil de mar en un arrecife de coral del Mar Rojo

MADURANDO
Los peces ángel son habitantes comunes del arrecife de coral. El ángel emperador joven luce muy diferente al adulto, quizá porque sus colores lo protegen mejor. Una vez que los adultos se aparean, establecen un territorio donde pueden alimentarse. Sus colores y patrones ayudan a otros emperadores a reconocerlos y así detectar un territorio ocupado.

NOTORIA ESTRELLA DE MAR
La "corona de espinas" devora las partes blandas de un coral gorgonáceo. Se alimenta sacando su estómago dejando que las enzimas digieran la presa. Plagas de esta estrella atacaron la Gran Barrera de Coral australiana en las décadas de 1960 y 1970, matando gran cantidad de coral, como parte de un ciclo natural.

Corona de espinas comiendo coral

PEPINO COLORIDO
Una de las especies más coloridas de pepino de mar vive en o cerca de los arrecifes de la región Indo-Pacífica. Los pepinos son equinodermos (págs. 18–19), como las estrellas, los erizos y los lirios de mar. Proyectan sus tentáculos para capturar partículas de alimento. Cuando se adhiere alimento a la mucosa, el tentáculo es llevado a la boca y el alimento retirado.

Praderas marinas

LAS PLANTAS MÁS ABUNDANTES DEL OCÉANO son muy pequeñas para verlas a simple vista. A menudo unicelulares, estas diminutas plantas flotantes se llaman fitoplancton. Como todas las plantas, necesitan luz solar para crecer, así que sólo se encuentran en la zona superior del océano. En condiciones adecuadas, se multiplican rápidamente (en pocos días) ya que cada célula se divide en dos. Para crecer, el fitoplancton necesita nutrientes del mar y mucha luz. En los trópicos hay más luz, pero los nutrientes, en especial nitrógeno y fósforo, escasean y ello limita su crecimiento. Grandes florecimientos de fitoplancton se dan en aguas más frías, donde los nutrientes (desechos de plantas y animales muertos) son arrastrados del fondo durante las tormentas; y en aguas cálidas y frías donde hay ascensos de agua abundante en nutrientes. El fitoplancton es devorado por multitudes de diminutos animales (zooplancton), que son un manjar para peces pequeños (como el arenque), que a su vez alimentan a peces mayores (como el salmón), que son devorados por otros peces más grandes u otros depredadores (como los delfines). Algunos de los animales más grandes del océano (tiburón ballena y ballena azul) se alimentan sólo de zooplancton.

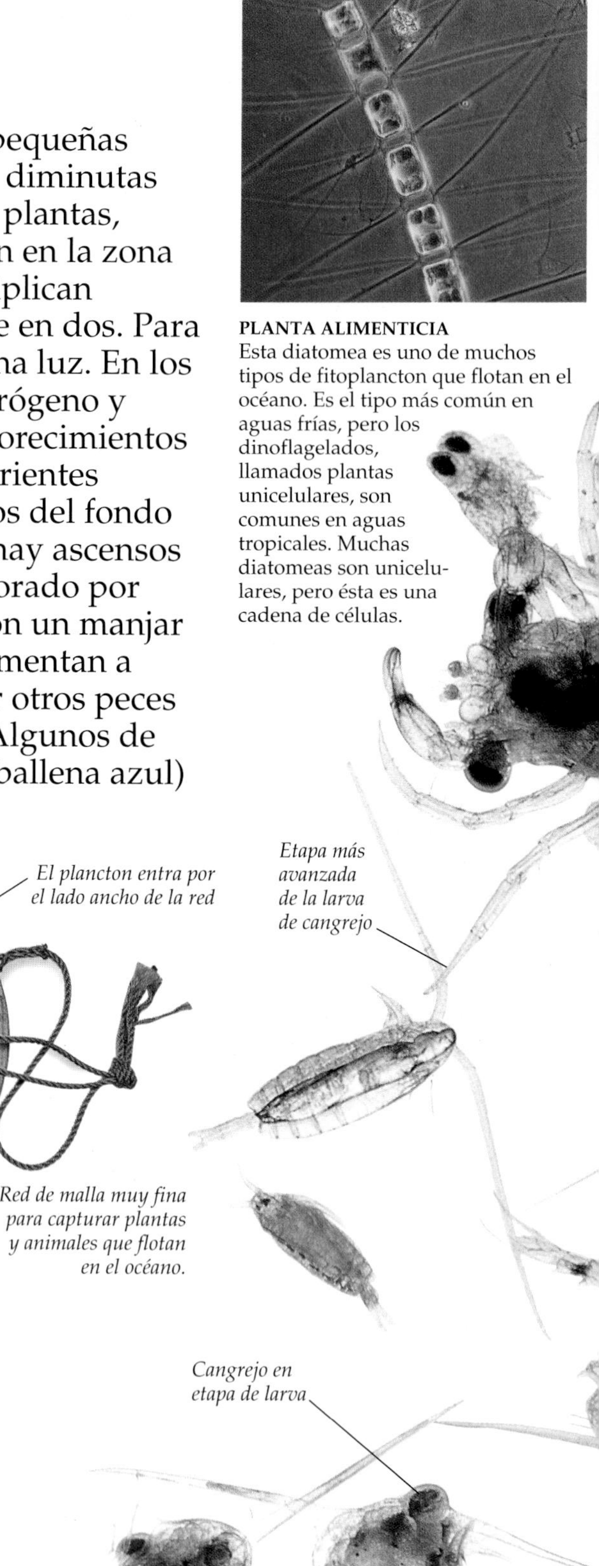

PLANTA ALIMENTICIA
Esta diatomea es uno de muchos tipos de fitoplancton que flotan en el océano. Es el tipo más común en aguas frías, pero los dinoflagelados, llamados plantas unicelulares, son comunes en aguas tropicales. Muchas diatomeas son unicelulares, pero ésta es una cadena de células.

Frasco de vidrio para colectar muestras de plancton

El plancton entra por el lado ancho de la red

Red de malla muy fina para capturar plantas y animales que flotan en el océano.

REDES PARA PLANCTON
Estas redes se arrastran desde un bote o se cuelgan de un muelle. El estudio del plancton es importante porque la existencia del pez comercial se afecta por la cantidad de plancton que haya para peces jóvenes. Los cambios en el plancton afectan el clima mundial; el fitoplancton desempeña un papel importante en el control del clima ya que consume mucho bióxido de carbono, uno de los gases responsables del calentamiento global.

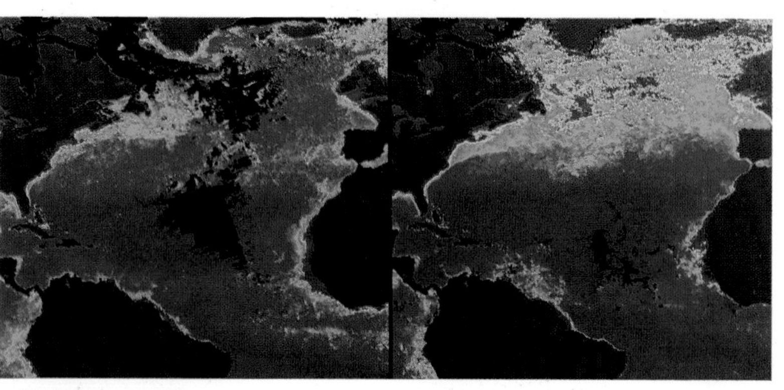

OCÉANO FLORECIENTE
Las imágenes de un satélite espacial *(Nimbus 7)* muestran las densidades del fitoplancton en el océano Atlántico. El color rojo muestra las zonas más densas, pasando luego al amarillo, verde, azul y violeta donde es menos denso. El florecimiento en primavera de plancton (d.) ocurre cuando los días son más largos y ascienden más nutrientes del fondo. Un segundo florecimiento ocurre en otoño. Cuando el fitoplancton muere, se hunde hasta el lecho marino con restos gelatinosos de zooplancton, formando copos pegajosos llamados "nieve" marina.

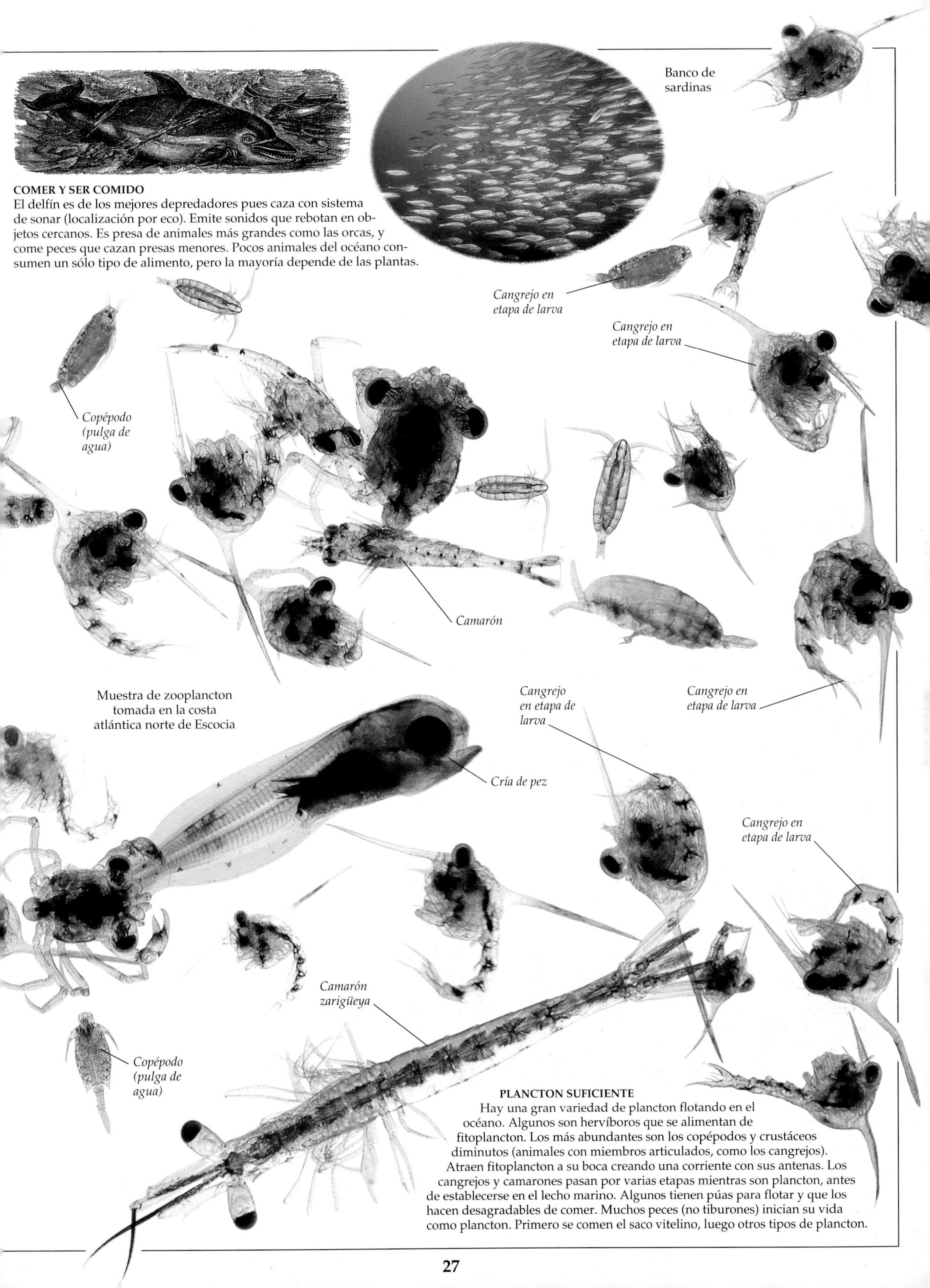

COMER Y SER COMIDO
El delfín es de los mejores depredadores pues caza con sistema de sonar (localización por eco). Emite sonidos que rebotan en objetos cercanos. Es presa de animales más grandes como las orcas, y come peces que cazan presas menores. Pocos animales del océano consumen un sólo tipo de alimento, pero la mayoría depende de las plantas.

Muestra de zooplancton tomada en la costa atlántica norte de Escocia

PLANCTON SUFICIENTE
Hay una gran variedad de plancton flotando en el océano. Algunos son hervíboros que se alimentan de fitoplancton. Los más abundantes son los copépodos y crustáceos diminutos (animales con miembros articulados, como los cangrejos). Atraen fitoplancton a su boca creando una corriente con sus antenas. Los cangrejos y camarones pasan por varias etapas mientras son plancton, antes de establecerse en el lecho marino. Algunos tienen púas para flotar y que los hacen desagradables de comer. Muchos peces (no tiburones) inician su vida como plancton. Primero se comen el saco vitelino, luego otros tipos de plancton.

Depredadores y presas

ALIMENTACIÓN EN EQUIPO
Las ballenas jorobadas reúnen cardúmenes de peces formando un círculo de burbujas a su alrededor. Abren la boca para tragar alimento y agua. Retienen el pescado y expulsan el agua por láminas córneas en la boca.

ALGUNOS ANIMALES MARINOS son herbívoros (comen plantas). Desde peces que mordisquean algas en los arrecifes, hasta vacas marinas que pacen en los pastos marinos. También hay muchos carnívoros (comen carne). Algunos, como el tiburón azul y la barracuda, son cazadores veloces, mientras que otros, como el pejesapo y las anémonas, abren sus mandíbulas o alistan sus tentáculos y esperan. Muchos filtran su alimento del agua, como los abanicos de mar y las ballenas barbadas. Las aves marinas obtienen su alimento del mar sumergiéndose por un bocado. Algunos animales marinos son omnívoros (comen plantas y animales).

Presas capturadas en el moco

ATRAPADO EN LA BABA
Muchas medusas capturan a su presa con sus tentáculos urticantes, pero la medusa común captura animales que flotan (plancton) con una baba pegajosa (moco) que produce en la campana. Los cuatro brazos carnosos acumulan la baba llena de alimento y cilios, pequeños pelos, la desplazan hacia la boca.

ENSEÑA EL COLMILLO
El pez lobo tiene fuertes dientes en forma de colmillos para triturar las conchas de cangrejos, erizos y mejillones. Los delanteros se desgastan y son reemplazados cada año por nuevos que crecen detrás de los anteriores. Vive en las frías y profundas aguas del norte donde acecha desde las grietas en las rocas.

La aleta dorsal corre a lo largo de todo el cuerpo

Amarillos dientes curvos como colmillos

Aleta pectoral más corta

Áspera y rugosa piel protege al pez lobo, que vive cerca del fondo

PASTANDO

El erizo europeo común de mar come animales y algas que crece en la superficie de algas como el tapete de mar. Para ello usa los dientes raspantes bajo su concha, operados por un complejo conjunto de mandíbulas internas conocido como la linterna de Aristóteles. Los erizos controlan la cantidad de algas de un área. Por eso, si se extraen demasiados para alimento o para recuerdo de turistas, un arrecife de coral puede ser invadido por algas.

SE ALIMENTA DE PECES

Como todos los pelícanos, el pardo tiene un enorme pico con una bolsa para capturar peces. Una vez que localizan a su presa, los pelícanos se sumergen en el agua, pero son muy pesados como para bajar lejos de la superficie. Sólo el pelícano pardo se sumerge a profundidad por su presa. Al emerger, escurre el agua de la bolsa y se traga el pescado.

MORDER O NO MORDER

El diente de un tiburón tigre es como una herramienta multiusos, con una punta afilada para perforar a su presa y una orilla serrada para rebanar. Este tiburón come casi cualquier cosa, desde tortugas hasta focas y aves. Un tiburón peregrino casi no usa los dientes, ya que filtra su alimento del agua con una criba de rastrillos en sus branquias.

TRAMPAS DE TENTÁCULOS

Las anémonas dalia son trampas mortales para camarones y peces que se acercan demasiado a sus tentáculos urticantes. Cuando la presa los roza al pasar, cientos de nematocistos (células urticantes) se activan y disparan sus aguijones. Estos aguijones se ensartan en la presa y la debilitan. Los tentáculos llevan a la presa debilitada hacia la boca en el centro de la anémona (la entrada al estómago en forma de saco donde la presa es digerida).

Hogares y escondites

PERMANECER OCULTO ES uno de los mejores medios de defensa; si un depredador no puede verte, ¡no puede comerte! Muchos animales marinos se refugian entre las algas, en las grietas de las rocas o bajo la arena. Igualar el color e incluso la textura del entorno también ayuda a no ser detectado. El pez de los sargazos incluso parece un trozo de alga. Las conchas duras son una armadura útil, por lo menos contra depredadores de mandíbula débil. Los caracoles de mar y las almejas forman su propia concha. Los cangrejos y las langostas tienen caparazones, como armaduras, que cubren su cuerpo y miembros articulados. El cangrejo ermitaño es inusual porque sólo la parte delantera del cuerpo y las patas tienen caparazón. Su abdomen es blando, así que usa las conchas vacías de los caracoles para protegerse.

DISFRACES A COLOR
La jibia tiene pigmentos de diferentes colores y cambia de color con rapidez para escapar de sus depredadores. Sus ojos perciben su alrededor y el cerebro envía señales nerviosas a pequeñas bolsas de pigmento en la piel. Cuando estas bolsas se contraen, el color de la jibia se torna más claro.

La jibia se torna más oscura cuando las bolsas de pigmento se expanden

ALGA EXTRAÑA
Este pez vive entre las ramas flotantes de los sargazos, donde apéndices rizados en la cabeza, cuerpo y aletas lo ayudan para que no lo vean los depredadores. Muchos animales viven en los sargazos que flotan en grandes cantidades en el Mar de los Sargazos del Atlántico Norte.

Cangrejo ermitaño abandonando una concha de bucino

Anémona

Investiga su nuevo hogar verificando el tamaño de él con sus tenazas

Cuando está fuera de una concha, el cangrejo es vulnerable a los depredadores

CAMBIO TOTAL
Como todos los crustáceos, un cangrejo ermitaño muda su caparazón al crecer y lo hace dentro de su segura concha de caracol. Cuando crece, necesita encontrar una concha más grande para vivir. Antes de dejar su antigua concha, verifica el tamaño de su nuevo hogar. Si no es lo suficiente grande o si está quebrada, busca otra. Cuando el cangrejo ermitaño encuentra la adecuada, saca con cuidado su cuerpo de la concha anterior y se mete rápidamente en la concha nueva. Conforme crece se muda a conchas de bucino más grandes y vive en aguas poco profundas sumergido en el lecho marino.

Patas puntiagudas para sujetarse al lecho marino al caminar

Antena

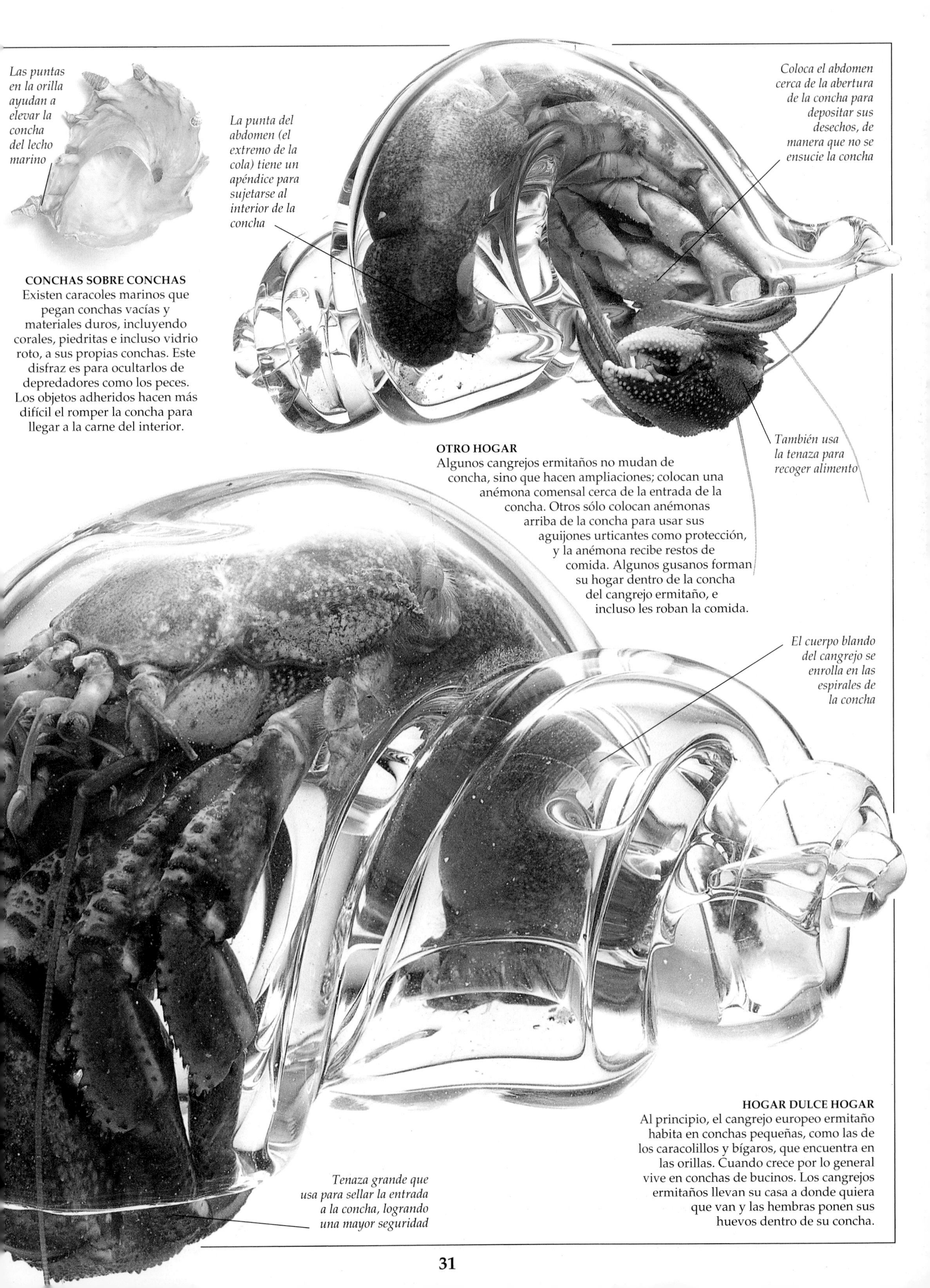

CONCHAS SOBRE CONCHAS
Existen caracoles marinos que pegan conchas vacías y materiales duros, incluyendo corales, piedritas e incluso vidrio roto, a sus propias conchas. Este disfraz es para ocultarlos de depredadores como los peces. Los objetos adheridos hacen más difícil el romper la concha para llegar a la carne del interior.

OTRO HOGAR
Algunos cangrejos ermitaños no mudan de concha, sino que hacen ampliaciones; colocan una anémona comensal cerca de la entrada de la concha. Otros sólo colocan anémonas arriba de la concha para usar sus aguijones urticantes como protección, y la anémona recibe restos de comida. Algunos gusanos forman su hogar dentro de la concha del cangrejo ermitaño, e incluso les roban la comida.

HOGAR DULCE HOGAR
Al principio, el cangrejo europeo ermitaño habita en conchas pequeñas, como las de los caracolillos y bígaros, que encuentra en las orillas. Cuando crece por lo general vive en conchas de bucinos. Los cangrejos ermitaños llevan su casa a donde quiera que van y las hembras ponen sus huevos dentro de su concha.

Ataque y defensa

MUCHAS CRIATURAS MARINAS POSEEN ARMAS para defenderse de los depredadores o para atacar a su presa. Algunos producen veneno como defensa y a menudo advierten de su peligro con marcas distintivas. Las franjas del pez escorpión alertan sobre sus espinas venenosas. Y como es fácil verlas, deben sorprender a su presa cuando cazan en lugares abiertos, o emboscarla desde algún coral. El pez piedra también tiene espinas venenosas y se pierde en su entorno cuando espera en un arrecife a que una presa pase. Los pulpos cambian de color según su entorno. Si es atacado, el pulpo de anillos azules se cubre de manchas azules advirtiendo que su mordida es ponzoñosa. Desaparecer en una nube de tinta es un truco usado por pulpos, calamares y jibias. La mayoría de las almejas retrae sus partes blandas dentro de la concha, pero los tentáculos de la almeja flama produce un pegajoso fluido irritante. Sin embargo, ningún método de defensa es infalible. Incluso las medusas más venenosas son alimento de tortugas carnívoras inmunes a sus picaduras.

PEZ MORTÍFERO
El pez piedra es de las criaturas más mortíferas del océano. Su veneno, inyectado con finas espinas de su dorso, causa un dolor tan intenso que si una persona lo pisa puede entrar en estado de shock y morir.

Nube de tinta alrededor de la jibia

NUBE DE TINTA
Si los cefalópodos, que incluyen jibias, calamares y pulpos, son amenazados, producen una nube de tinta para confundir al enemigo y escapar. La tinta, producida en una glándula intestinal, es expulsada con un chorro de agua desde un sifón tubular cerca de la cabeza.

Larga espina dorsal con glándulas venenosas

Proyección córnea sobre el ojo

Alga calcárea roja (maerl) que crece en en masa a lo largo del lecho rocoso

Tres espinas anales venenosas

AZUL SI HAY PELIGRO
Cuando este pulpo se irrita, o se alimenta, se cubre de manchas azules, advirtiendo de su mordedura venenosa. Apenas alcanza el tamaño de una mano, pero su mordedura puede ser fatal. Vive en aguas poco profundas alrededor de Australia y algunas islas del océano Pacífico.

¡ALÉJENSE!
Las franjas del pez escorpión advierten a los depredadores que es peligroso. Un depredador que trate de morderlo puede ser herido por una o más de sus espinas ponzoñosas. Y, si sobrevive, recordará el peligro y evitará al pez escorpión en el futuro. Este pez puede nadar libremente y buscar una presa con poco riesgo de ser atacado. Vive en aguas tropicales de los océanos Índico y Pacífico. A pesar de ser venenosos, son peces de acuario debido a su belleza.

Las franjas advierten a los depredadores de su peligro

Pintura de monstruos marinos, c 1880

AGUIJÓN EN LA COLA
Esta raya de motas azules vive en las aguas cálidas de los océanos Índico y Pacífico, así como del Mar Rojo, donde se le encuentra asechando en el lecho arenoso. Si se le pisa, provoca dolores punzantes en el pie durante más de una hora, pero después de varias horas desaparecen.

ALGO ATERRADOR
Los primeros marineros sabían que algunas criaturas marinas eran peligrosas y podían matar personas. Los cuentos sobre monstruos marinos, aunque comunes, a menudo eran exagerados. También inventaban historias para justificar barcos que se hundían por condiciones peligrosas del mar .

MEDUSA PERVERSA
Las medusas son bien conocidas por sus picaduras, pero la peor es la avispa de mar, que nada cerca de las costas al norte de Australia y sudeste de Asia. Su picadura produce horribles ronchas. Una persona con una picadura grave puede morir en cuatro minutos.

CONCHAS DESPEINADAS
Estas almejas flama no pueden retraer sus tentáculos anaranjados dentro de sus conchas para su protección, así que los tentáculos producen una sustancia agria y pegajosa para disuadir a los depredadores. Si los tentáculos son mordidos, vuelven a crecer. La almejas flama construyen sus hogares entre algas, tejiendo hilos de biso para fijarse. También hacen sus "nidos" entre mejillones y laminarias. Si son desalojadas de sus hogares, se mueven expulsando agua de la concha y usan sus tentáculos como remos.

Los mejores propulsores

UNA MANERA DE HUIR RÁPIDO en el agua es con propulsión a chorro. Algunos moluscos como las almejas, calamares y pulpos lo hacen expulsando agua de la cavidad de su cuerpo. La usan para nadar o escapar de sus depredadores. Los calamares son expertos de la propulsión a chorro, su cuerpo es hidrodinámico en todo momento para reducir el arrastre (resistencia del agua). Algunas vieiras también la utilizan y son de las pocas almejas que nadan. La mayoría de las almejas (bivalvos con conchas divididas en dos mitades) sólo se entierran en la arena o se fijan al lecho marino. El pulpo común vive en el lecho rocoso de las aguas litorales del océano Atlántico, del mar Mediterráneo y del Caribe. Si es atacado puede propulsarse y huir.

CUENTOS DE TENTÁCULOS
Un cuento noruego habla del Kraken, un monstruo marino gigante que envolvía los barcos con sus brazos antes de hundirlos. La leyenda puede estar basada en el misterioso calamar gigante que habita las profundidades. Se han visto individuos muertos arrastrados a las playas, pero nadie los ha visto nadando.

PROPULSIÓN A CHORRO
Los motores que impulsan a los aviones a reacción producen chorros de aire para volar, de la misma manera que los pulpos, calamares y jibias producen chorros de agua para impulsarse.

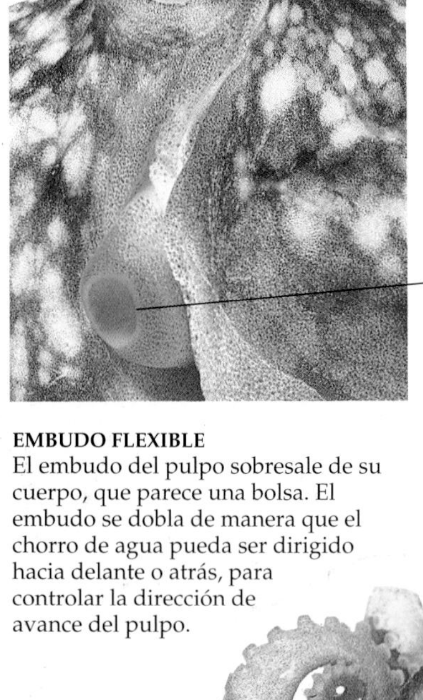

Embudo

EMBUDO FLEXIBLE
El embudo del pulpo sobresale de su cuerpo, que parece una bolsa. El embudo se dobla de manera que el chorro de agua pueda ser dirigido hacia delante o atrás, para controlar la dirección de avance del pulpo.

Brazos largos para capturar a su presa

Poderosas ventosas se sujetan a las rocas, así el pulpo puede impulsarse

Las ventosas son sensibles al tacto y al gusto

1 EN EL FONDO
El pulpo común se esconde durante el día en su guarida rocosa, sale al anochecer para buscar comida, como crustáceos. El pulpo se acerca lentamente a su presa, luego se lanza envolviéndola con el manto en la base de sus brazos.

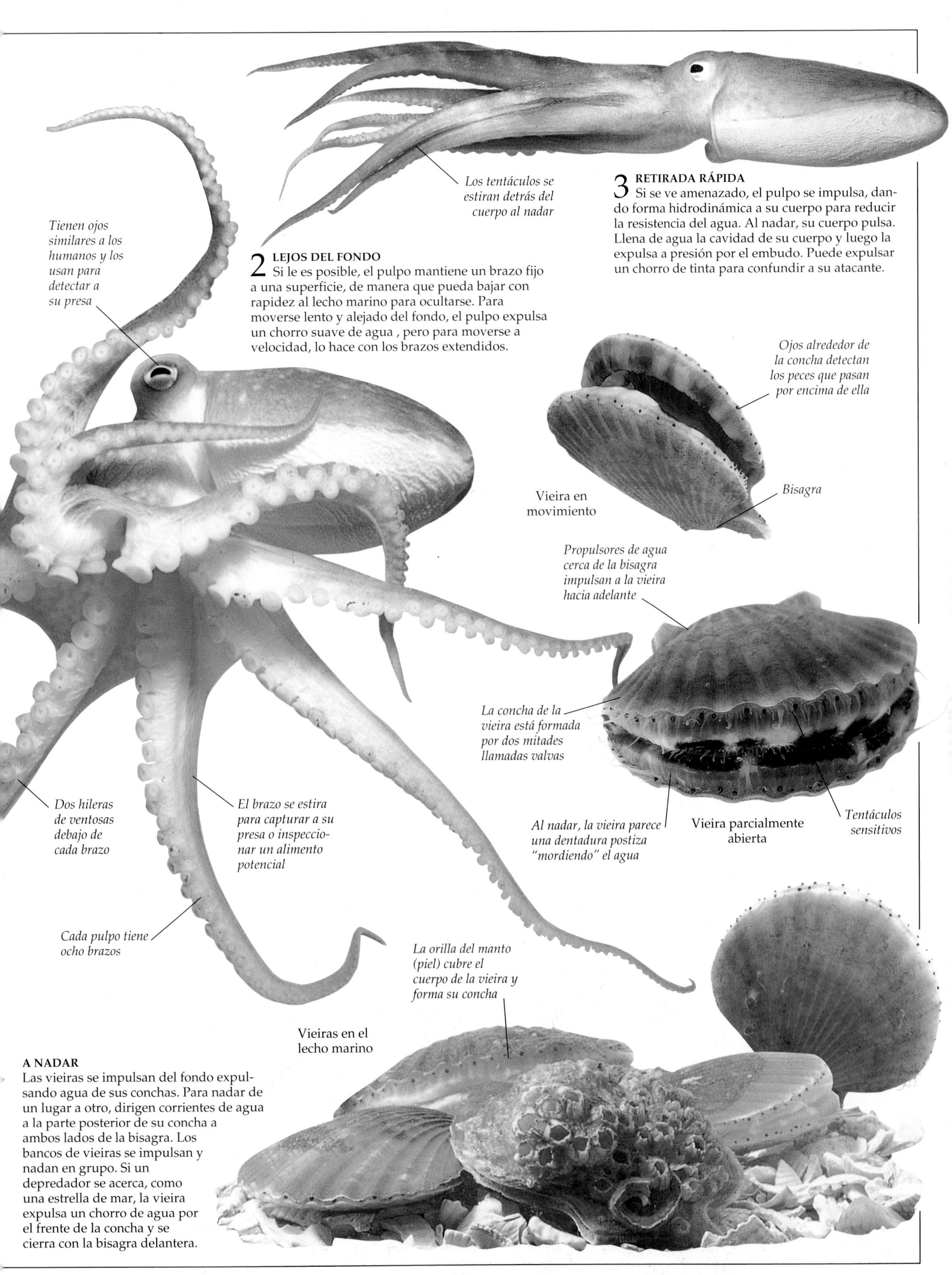

3 RETIRADA RÁPIDA

Si se ve amenazado, el pulpo se impulsa, dando forma hidrodinámica a su cuerpo para reducir la resistencia del agua. Al nadar, su cuerpo pulsa. Llena de agua la cavidad de su cuerpo y luego la expulsa a presión por el embudo. Puede expulsar un chorro de tinta para confundir a su atacante.

2 LEJOS DEL FONDO

Si le es posible, el pulpo mantiene un brazo fijo a una superficie, de manera que pueda bajar con rapidez al lecho marino para ocultarse. Para moverse lento y alejado del fondo, el pulpo expulsa un chorro suave de agua , pero para moverse a velocidad, lo hace con los brazos extendidos.

A NADAR

Las vieiras se impulsan del fondo expulsando agua de sus conchas. Para nadar de un lugar a otro, dirigen corrientes de agua a la parte posterior de su concha a ambos lados de la bisagra. Los bancos de vieiras se impulsan y nadan en grupo. Si un depredador se acerca, como una estrella de mar, la vieira expulsa un chorro de agua por el frente de la concha y se cierra con la bisagra delantera.

Desplazamiento

TODO NADADOR SABE que es más difícil moverse en el agua de mar que en el aire. Esto se debe a que el agua de mar es mucho más densa que el aire. Para nadar rápido como un delfín, un atún o un pez vela, es útil tener una forma hidrodinámica como la de un torpedo, para reducir el arrastre (resistencia del agua). Una piel lisa y pocas proyecciones en el cuerpo permiten a un animal moverse en el agua con más facilidad. La densidad del agua de mar tiene una ventaja, ayuda a soportar el peso del cuerpo de un animal. El animal más pesado que ha poblado la Tierra es la ballena azul, que pesa hasta 150 toneladas. Hay criaturas de concha pesada, como el nautilus, que tienen flotadores llenos de gas para evitar hundirse. Algunos animales marinos, como los delfines y los peces voladores, alcanzan suficiente velocidad bajo el agua para saltar brevemente en el aire, pero no todos son buenos nadadores. Muchos sólo pueden nadar lentamente, algunos flotan a la deriva, se arrastran por el fondo, se entierran en la arena o permanecen fijos al lecho marino.

PEZ VOLADOR
Al adquirir velocidad bajo el agua, el pez volador salta sobre la superficie para escapar de los depredadores, y luego planea por más de 30 segundos.

EN CARDUMEN
Los peces a menudo nadan juntos en cardumen o banco (como estos pargos rayados), donde un pez tiene menos riesgo de ser atacado que si nada solo. La masa móvil de individuos puede confundir al depredador y, además, hay más pares de ojos en alerta.

EN VUELO
Durante el día, muchas rayas eléctricas prefieren permanecer escondidas en el fondo arenoso y confían en sus órganos eléctricos como defensa, pero nadan si se les molesta y por la noche cuando cazan. Hay más de 30 tipos de rayas eléctricas y la mayoría habita en aguas cálidas. Casi todas las demás rayas tienen colas puntiagudas (a diferencia de la cola ancha de las eléctricas), así que ondean sus aletas pectorales para moverse en el agua. En las rayas más grandes, como las mantas, el movimiento de las aletas es tan exagerado que se baten de arriba abajo.

Secuencia de nado de una raya eléctrica, *Torpedo nobiliana*

PROFUNDO
Para nadar, las focas agitan sus aletas posteriores y su cola de un lado a otro mientras se guían con las aletas delanteras. Cierran las fosas nasales y no les entra agua. La foca común (d.) baja 300 pies (90 m), pero la campeona es la foca de Weddell del Antártico: se sumerge 2,000 pies (600 m). Las focas no sufren la enfermedad del buzo (págs. 48-49). Respiran antes de sumergirse y, a diferencia de los humanos, no respiran aire comprimido. Bajo el agua, usan el oxígeno almacenado en la sangre.

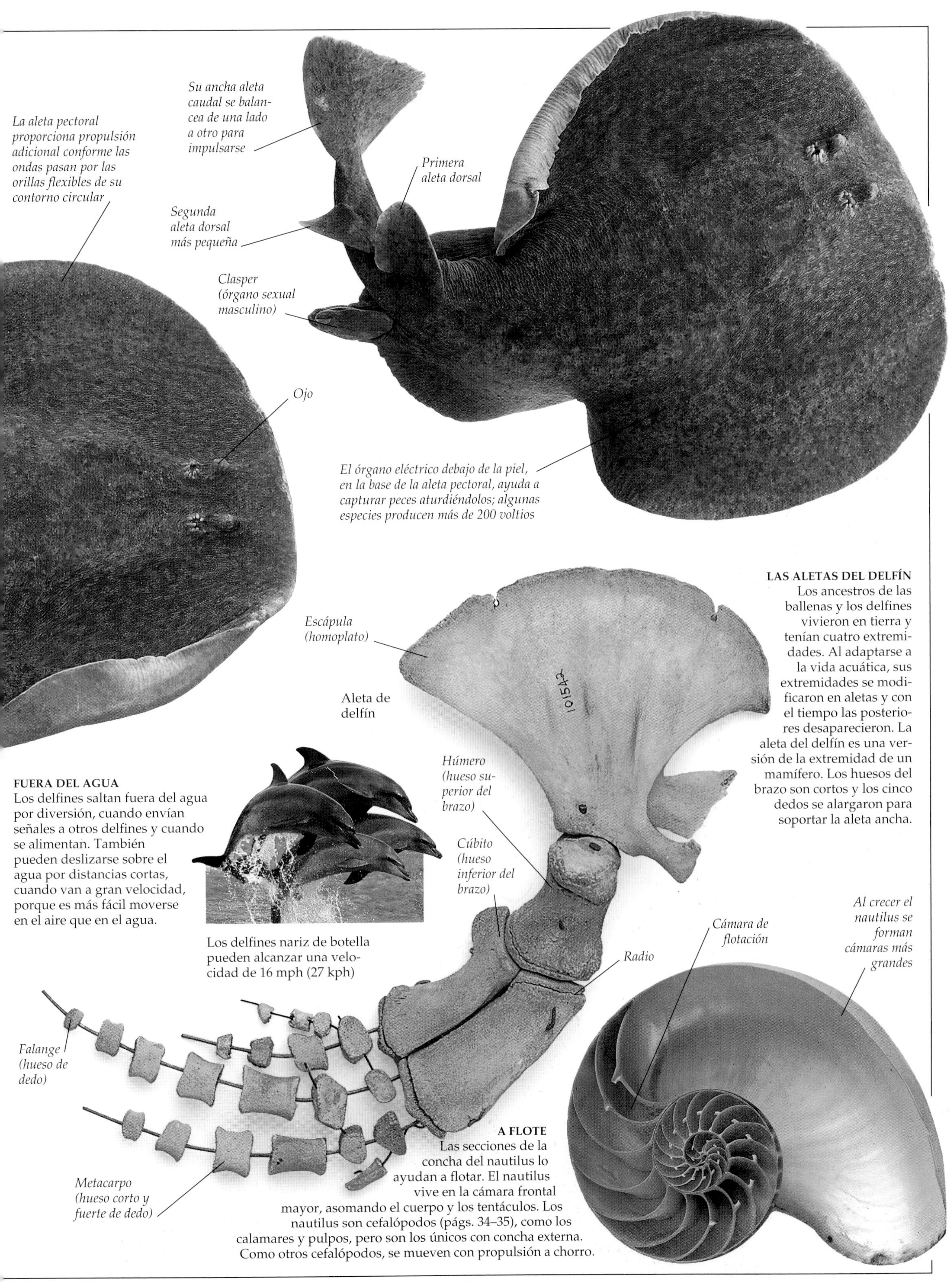

LAS ALETAS DEL DELFÍN
Los ancestros de las ballenas y los delfines vivieron en tierra y tenían cuatro extremidades. Al adaptarse a la vida acuática, sus extremidades se modificaron en aletas y con el tiempo las posteriores desaparecieron. La aleta del delfín es una versión de la extremidad de un mamífero. Los huesos del brazo son cortos y los cinco dedos se alargaron para soportar la aleta ancha.

FUERA DEL AGUA
Los delfines saltan fuera del agua por diversión, cuando envían señales a otros delfines y cuando se alimentan. También pueden deslizarse sobre el agua por distancias cortas, cuando van a gran velocidad, porque es más fácil moverse en el aire que en el agua.

Los delfines nariz de botella pueden alcanzar una velocidad de 16 mph (27 kph)

A FLOTE
Las secciones de la concha del nautilus lo ayudan a flotar. El nautilus vive en la cámara frontal mayor, asomando el cuerpo y los tentáculos. Los nautilus son cefalópodos (págs. 34–35), como los calamares y pulpos, pero son los únicos con concha externa. Como otros cefalópodos, se mueven con propulsión a chorro.

Viajeros del océano

APROVECHANDO LA VASTA extensión de agua, algunos animales marinos viajan grandes distancias para encontrar los mejores lugares para alimentarse y procrear. Las ballenas, como la jorobada, buscan alimento en las frías aguas, abundantes en comida, de los extremos norte o sur, y viajan a las aguas cálidas de los trópicos para aparearse y dar a luz. Muchos viajeros, como las tortugas, focas y aves marinas, se alimentan en el mar, pero procrean en la costa. Las anguilas de agua dulce son inusuales porque se reproducen en el océano y sus crías regresan a los ríos donde crecen hasta madurar. El salmón lo hace a la inversa, crece en el océano y regresa a los ríos para procrear (págs. 56-57). A menudo, los viajeros utilizan las corrientes para avanzar más rápido. Incluso los que no pueden nadar viajan sujetándose a otro animal o sobre un trozo de madera.

Aletas traseras usadas como timón para cambiar de dirección

Amplia superficie en la aleta delantera para nadar con mayor facilidad

Percebes a la deriva en un trozo de madera

BÁLANOS A LA DERIVA
Los bálanos (percebes) crecen en la superficie de las rocas, troncos, cascos de barcos e incluso de tortugas y ballenas. Pueden viajar grandes distancias sobre trozos de madera. Son crustáceos como los cangrejos y langostas y tienen extremidades articuladas. Para proteger su cuerpo, tienen una serie de placas parecidas a una concha.

Los ojos crecen más cuando la anguila adulta migra al océano

La piel se torna plateada antes de que la anguila regrese al Mar de los Sargazos

Larva con forma de hoja, llamada Leptocephalus

Anguilas jóvenes, conocidas como angulas

Tentáculos colgantes armados con aguijones nocivos

VIAJE MISTERIOSO
Por siglos, nadie sabía que las anguilas europeas procrean en el mar y solo las crías vuelven a los ríos. A fines del siglo XIX, científicos encontraron larvas en el mar, que se desarrollaron en anguilas. Luego descubrieron que larvas más pequeñas venían del Mar de los Sargazos, donde quizá las anguilas procrean a profundidad. Las larvas viajan a la deriva en las corrientes, de regreso a la costa europea donde se convierten en angulas.

FRAGATA PORTUGUESA
No es una medusa, sino un sifonóforo (pariente del pino de mar). Tiene un flotador lleno de gas que lo mantiene en la superficie donde es arrastrado por el viento y deriva con las corrientes. Aunque se encuentra en aguas cálidas, puede ser arrastrado a aguas más frías o a la costa durante una tormenta.

Secuencia de nado de una tortuga verde

VOLADOR SUBMARINO

La tortuga verde vive en las cálidas aguas de los océanos Atlántico, Pacífico e Índico. Como todas las tortugas, ponen sus huevos en la costa. Las hembras se aparean en aguas bajas donde los machos las esperan. Más adelante, bajo la protección de la oscuridad, las hembras se arrastran a la playa para poner sus huevos en la arena antes de volver al agua. Pueden regresar varias veces para poner más huevos. Se sabe que algunas tortugas verdes viajan cientos de millas para llegar a la playa de desove donde ellas nacieron. Se alimentan de pastos marinos y algas.

Caparazón de tortuga hidrodinámico para deslizarse en el agua

Las aletas delanteras ayudan a la tortuga a "volar" en el agua

Las tortugas respiran aire, así que deben subir a la superficie para respirar por sus orificios nasales

La tortuga verde *(Chelonia mydas)* es una especie en peligro de extinción

VIAJE EN TORTUGA

En una leyenda japonesa, Urashima Taro viaja al reino del océano sobre una tortuga. Después de pasar algún tiempo en las profundidades, ruega a la diosa de los mares que le permita volver a casa. Ella acepta, pero le da una caja que nunca debe abrir. A su retorno descubre que su hogar ha cambiado y nadie lo conoce. Esperando cierto alivio, abre la caja y el hechizo se rompe. Se convierte en un anciano, porque no ha pasado 3 años, sino 300, en el mar.

La zona crepuscular

ENTRE LAS AGUAS ILUMINADAS de la superficie y las oscuras profundidades, se encuentra la penumbra de la zona crepuscular que abarca de 660 a 3,300 pies (200 a 1,000 m) bajo la superficie. Aquí, algunos peces tienen hileras de órganos luminosos en los costados que les ayudan a camuflarse en la poca luz que se filtra de arriba. Las luces son producidas por reacciones químicas o por colonias de bacterias que viven en los órganos luminosos. Muchos animales, incluyendo algunos peces linterna y calamares, viven en la zona crepuscular sólo de día. Por la noche ascienden para alimentarse en el agua superficial, abundante en alimento. De esta manera evitan el riesgo de los cazadores diurnos, como las aves marinas. Otros, como los lanzones, se alimentan de lo que haya disponible. El esbelto lanzón tiene un estómago elástico, así que aprovecha cuando hay un festín.

CAZADOR DE LAS PROFUNDIDADES
El pez víbora tiene un impresionante conjunto de dientes afilados como dagas para capturar a su presa, a la que atrae colgando un señuelo en su aleta dorsal. Los dientes demasiado largos de la mandíbula inferior no caben en la boca cuando la cierra. Para tragar una presa, como un pez tetra (ar., i.), abre muchísimo las mandíbulas.

El calamar gigante puede medir 12 pies (3.6 m) hasta la punta de sus tentáculos

UN MONSTRUO DE CALAMAR
Cualquier calamar mayor de 20 pulg (50 cm) es grande, pero el calamar gigante del Atlántico puede pesar 1 tonelada. Afianza a su presa con ventosas en tentáculos y brazos. Los cachalotes a menudo presentan cicatrices hechas por ventosas, donde tuvieron contacto con un calamar.

TRITÓN
Muchas criaturas extrañas habitan las profundidades del océano, pero no es probable que alguien encuentre una como ésta.

Rayo de la aleta

La aleta dorsal en forma de vela puede plegarse

Pueden usar la aleta dorsal para agrupar a sus presas

El opérculo de las branquias es grande

Modelo de un pez lanceta

Dientes puntiagudos para capturar peces

Aleta pectoral

Aleta pélvica

LARGO Y DELGADO
El lanzón pesa menos de 5 libras (2 kg) debido a que tiene un cuerpo esbelto, huesos ligeros y pocos músculos. Es un depredador y come calamares y peces, como los tetras, que habitan a la misma profundidad.

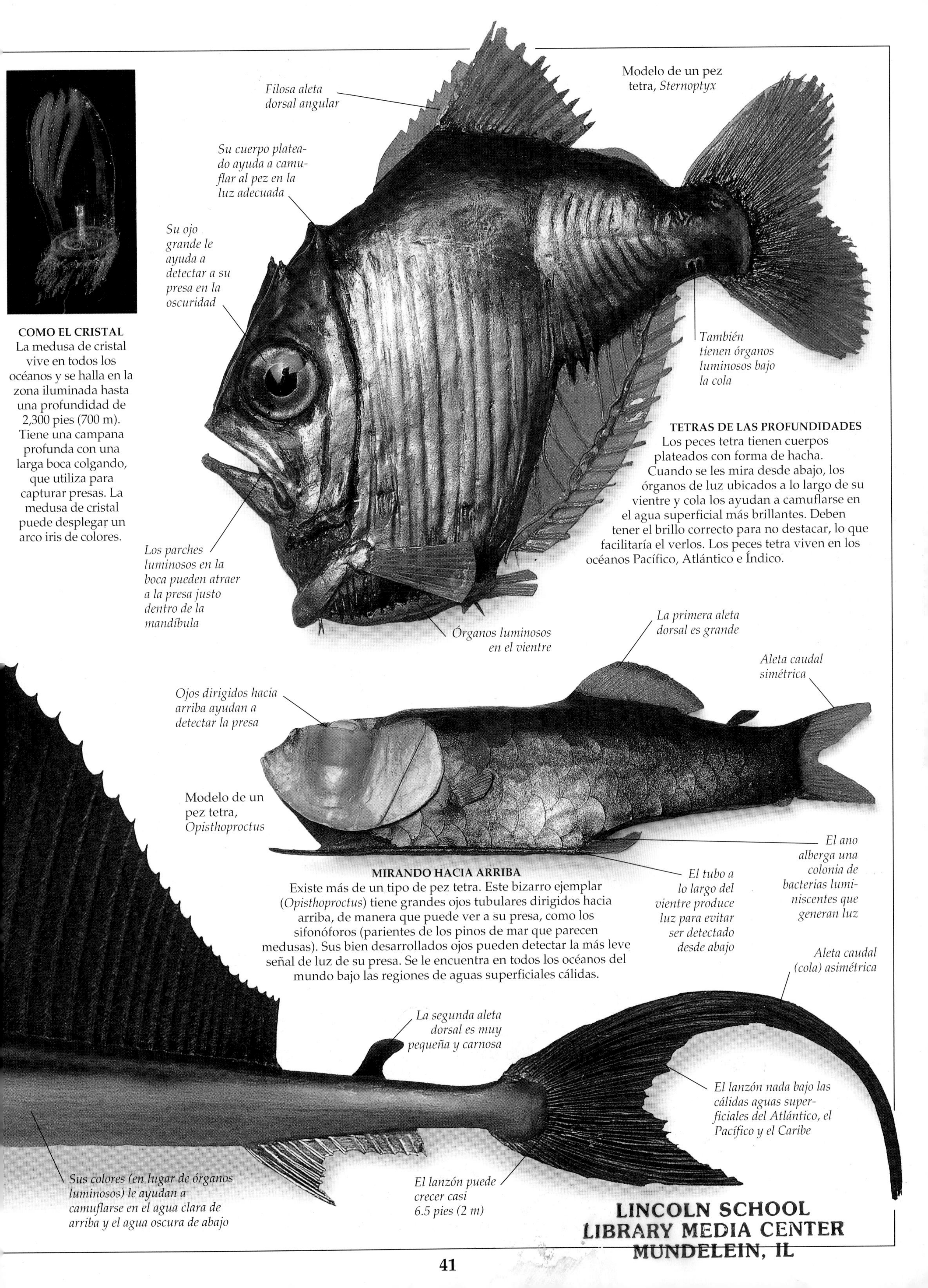

COMO EL CRISTAL
La medusa de cristal vive en todos los océanos y se halla en la zona iluminada hasta una profundidad de 2,300 pies (700 m). Tiene una campana profunda con una larga boca colgando, que utiliza para capturar presas. La medusa de cristal puede desplegar un arco iris de colores.

TETRAS DE LAS PROFUNDIDADES
Los peces tetra tienen cuerpos plateados con forma de hacha. Cuando se les mira desde abajo, los órganos de luz ubicados a lo largo de su vientre y cola los ayudan a camuflarse en el agua superficial más brillantes. Deben tener el brillo correcto para no destacar, lo que facilitaría el verlos. Los peces tetra viven en los océanos Pacífico, Atlántico e Índico.

MIRANDO HACIA ARRIBA
Existe más de un tipo de pez tetra. Este bizarro ejemplar (*Opisthoproctus*) tiene grandes ojos tubulares dirigidos hacia arriba, de manera que puede ver a su presa, como los sifonóforos (parientes de los pinos de mar que parecen medusas). Sus bien desarrollados ojos pueden detectar la más leve señal de luz de su presa. Se le encuentra en todos los océanos del mundo bajo las regiones de aguas superficiales cálidas.

Oscura profundidad

NO HAY LUZ en los océanos a partir de los 3,300 pies (1,000 m) de profundidad; sólo hay negrura. Muchos peces de la zona oscura son negros, lo que los hace casi invisibles. Los órganos luminosos son usados para encontrar pareja o para acechar presas. El alimento es escaso, por lo que todos los animales dependen de lo poco que caiga de arriba. Los peces de las profundidades sacan el máximo provecho del alimento con sus enormes bocas y estómagos elásticos, lo que les da una apariencia extraña. Pesan poco, debido a sus huesos y músculos ligeros, que les ayuda a tener una flotación neutral (estar a un nivel sin tener que nadar), aun cuando la mayoría no posee vejiga natatoria.

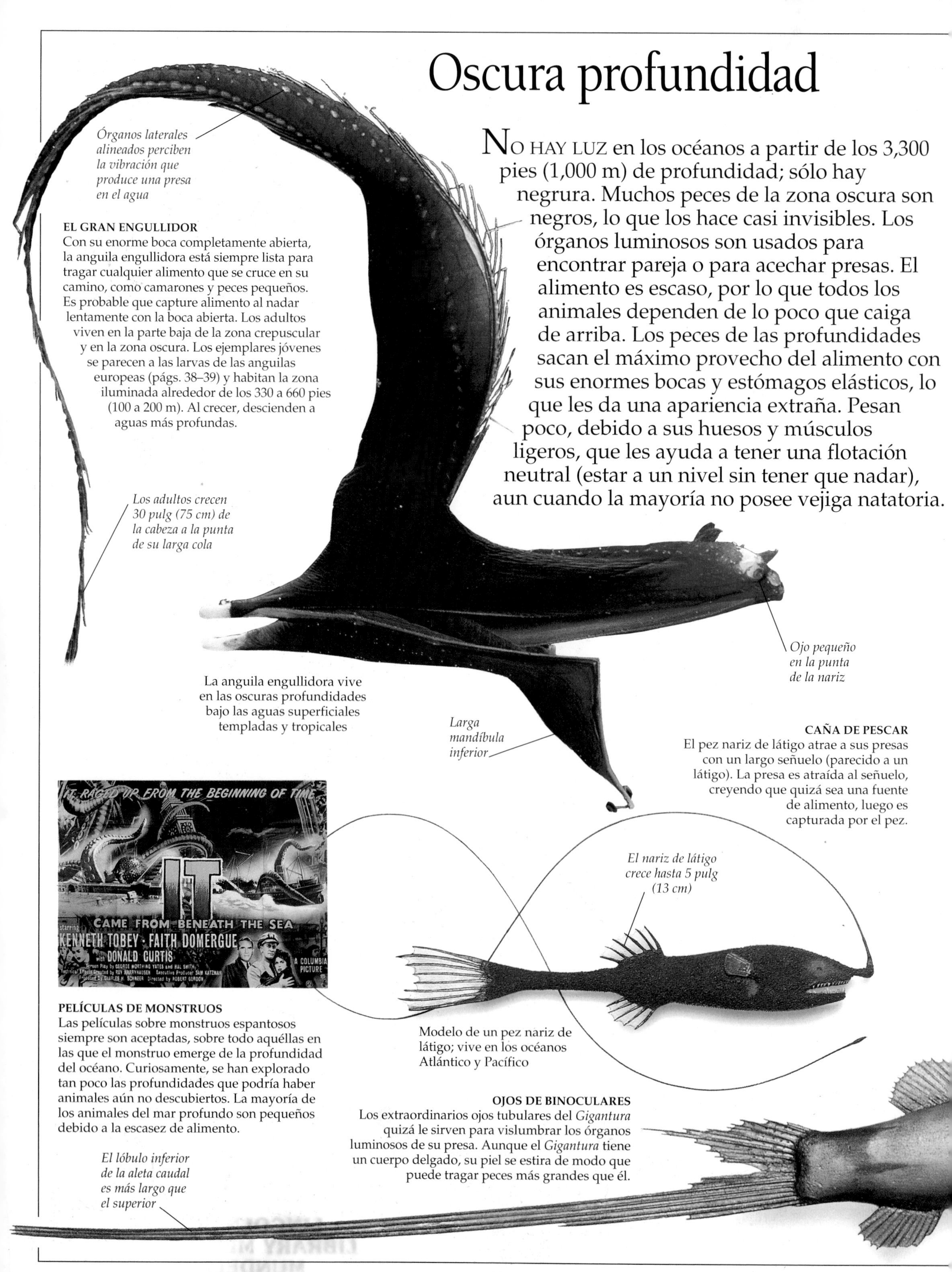

Órganos laterales alineados perciben la vibración que produce una presa en el agua

EL GRAN ENGULLIDOR
Con su enorme boca completamente abierta, la anguila engullidora está siempre lista para tragar cualquier alimento que se cruce en su camino, como camarones y peces pequeños. Es probable que capture alimento al nadar lentamente con la boca abierta. Los adultos viven en la parte baja de la zona crepuscular y en la zona oscura. Los ejemplares jóvenes se parecen a las larvas de las anguilas europeas (págs. 38–39) y habitan la zona iluminada alrededor de los 330 a 660 pies (100 a 200 m). Al crecer, descienden a aguas más profundas.

Los adultos crecen 30 pulg (75 cm) de la cabeza a la punta de su larga cola

Ojo pequeño en la punta de la nariz

La anguila engullidora vive en las oscuras profundidades bajo las aguas superficiales templadas y tropicales

Larga mandíbula inferior

CAÑA DE PESCAR
El pez nariz de látigo atrae a sus presas con un largo señuelo (parecido a un látigo). La presa es atraída al señuelo, creyendo que quizá sea una fuente de alimento, luego es capturada por el pez.

El nariz de látigo crece hasta 5 pulg (13 cm)

Modelo de un pez nariz de látigo; vive en los océanos Atlántico y Pacífico

PELÍCULAS DE MONSTRUOS
Las películas sobre monstruos espantosos siempre son aceptadas, sobre todo aquéllas en las que el monstruo emerge de la profundidad del océano. Curiosamente, se han explorado tan poco las profundidades que podría haber animales aún no descubiertos. La mayoría de los animales del mar profundo son pequeños debido a la escasez de alimento.

OJOS DE BINOCULARES
Los extraordinarios ojos tubulares del *Gigantura* quizá le sirven para vislumbrar los órganos luminosos de su presa. Aunque el *Gigantura* tiene un cuerpo delgado, su piel se estira de modo que puede tragar peces más grandes que él.

El lóbulo inferior de la aleta caudal es más largo que el superior

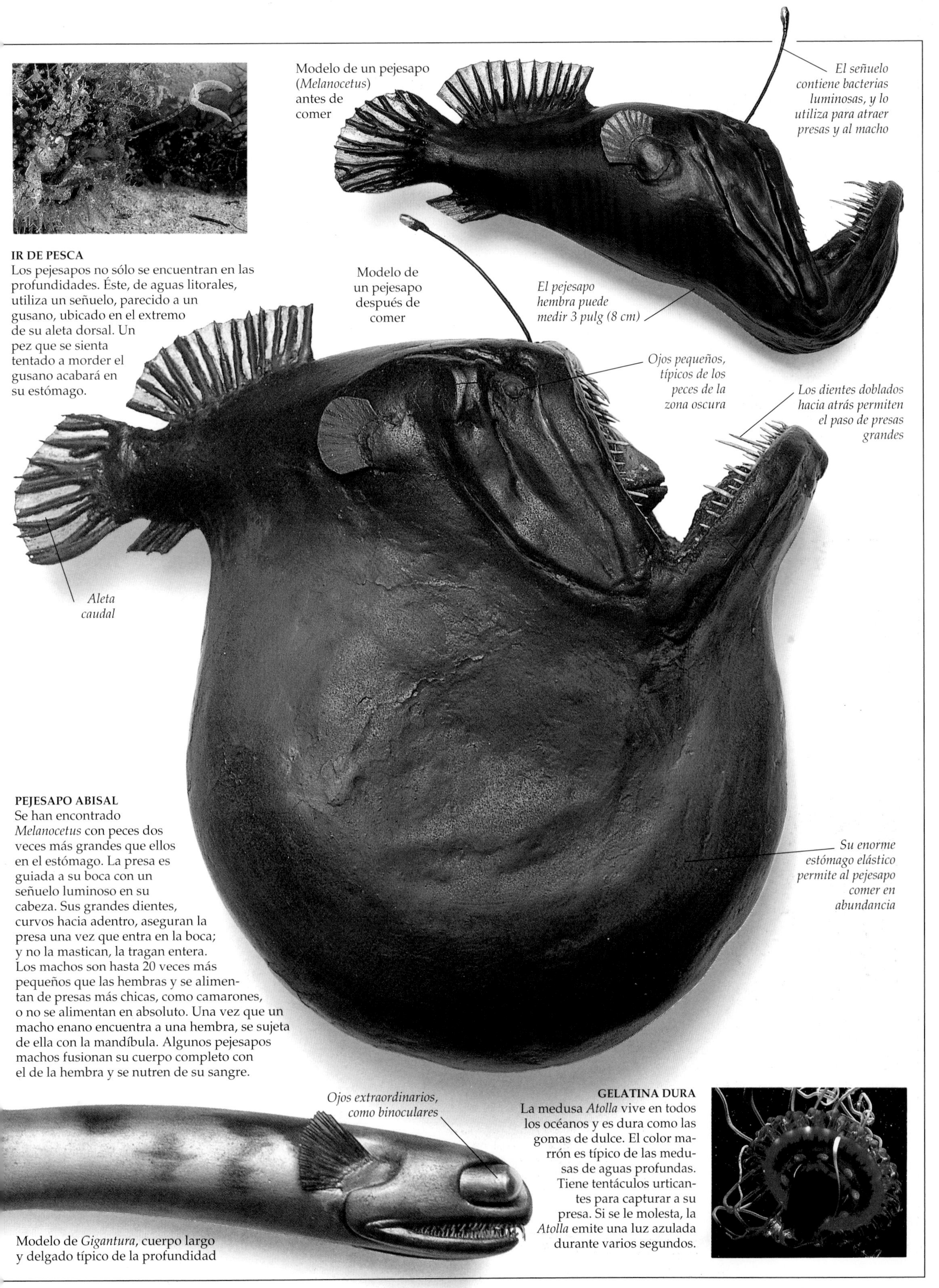

IR DE PESCA
Los pejesapos no sólo se encuentran en las profundidades. Éste, de aguas litorales, utiliza un señuelo, parecido a un gusano, ubicado en el extremo de su aleta dorsal. Un pez que se sienta tentado a morder el gusano acabará en su estómago.

Modelo de un pejesapo (*Melanocetus*) antes de comer

El señuelo contiene bacterias luminosas, y lo utiliza para atraer presas y al macho

El pejesapo hembra puede medir 3 pulg (8 cm)

Modelo de un pejesapo después de comer

Ojos pequeños, típicos de los peces de la zona oscura

Los dientes doblados hacia atrás permiten el paso de presas grandes

Aleta caudal

PEJESAPO ABISAL
Se han encontrado *Melanocetus* con peces dos veces más grandes que ellos en el estómago. La presa es guiada a su boca con un señuelo luminoso en su cabeza. Sus grandes dientes, curvos hacia adentro, aseguran la presa una vez que entra en la boca; y no la mastican, la tragan entera. Los machos son hasta 20 veces más pequeños que las hembras y se alimentan de presas más chicas, como camarones, o no se alimentan en absoluto. Una vez que un macho enano encuentra a una hembra, se sujeta de ella con la mandíbula. Algunos pejesapos machos fusionan su cuerpo completo con el de la hembra y se nutren de su sangre.

Su enorme estómago elástico permite al pejesapo comer en abundancia

Ojos extraordinarios, como binoculares

Modelo de *Gigantura*, cuerpo largo y delgado típico de la profundidad

GELATINA DURA
La medusa *Atolla* vive en todos los océanos y es dura como las gomas de dulce. El color marrón es típico de las medusas de aguas profundas. Tiene tentáculos urticantes para capturar a su presa. Si se le molesta, la *Atolla* emite una luz azulada durante varios segundos.

El fondo marino

EL FONDO DEL OCÉANO no es un lugar en el que sea fácil vivir. Hay poca comida y es frío y oscuro. Gran parte del lecho marino está cubierto de lodos blandos o pantanos fangosos formados por esqueletos de diminutas plantas y animales. Un pantano en las llanuras abisales puede tener cientos de yardas de espesor. Los animales que caminan por el fondo tienen patas largas para no atascarse. Algunos crecen fijos al suelo y otros tienen largos tallos para mantener su estructura alimenticia lejos del pantano. Del agua pueden filtrar partículas de alimento con brazos emplumados como los lirios de mar o a través de poros como las esponjas. Algunos, como los pepinos de mar, se alimentan del lecho marino y aprovechan al máximo las bondades de las partículas alimenticias del pantano, que son restos de animales (y sus desechos) y plantas muertos que caen de arriba. En ocasiones, un cadáver grande llega intacto al fondo, proporcionando una verdadera bonanza a los habitantes móviles del fondo que aparecen de todos lados. Como el alimento es escaso y la temperatura muy baja, la mayoría de los animales tarda mucho en crecer.

Cables submarinos se tendieron en el océano Atlántico para el telégrafo, c 1870

Restos de anémonas de mar

CUERDAS FRÁGILES
Esta esponja crece fija al lecho marino blando con su tallo de frágiles cuerdas, donde a menudo crecen anémonas. Cuando una esponja cuerda de vidrio muere, la copa desaparece y sólo queda el tallo fijo al lecho marino.

FALSA ARAÑA
Parecidas a las de tierra, las arañas de mar pertenecen a un grupo llamado picnogónidos. Algunas tienen una envergadura de patas de 2 pies (60 cm) y pueden caminar a zancadas sin levantar nubes de partículas. También pueden nadar, impulsándose en el suelo y plegando las patas, para luego descender.

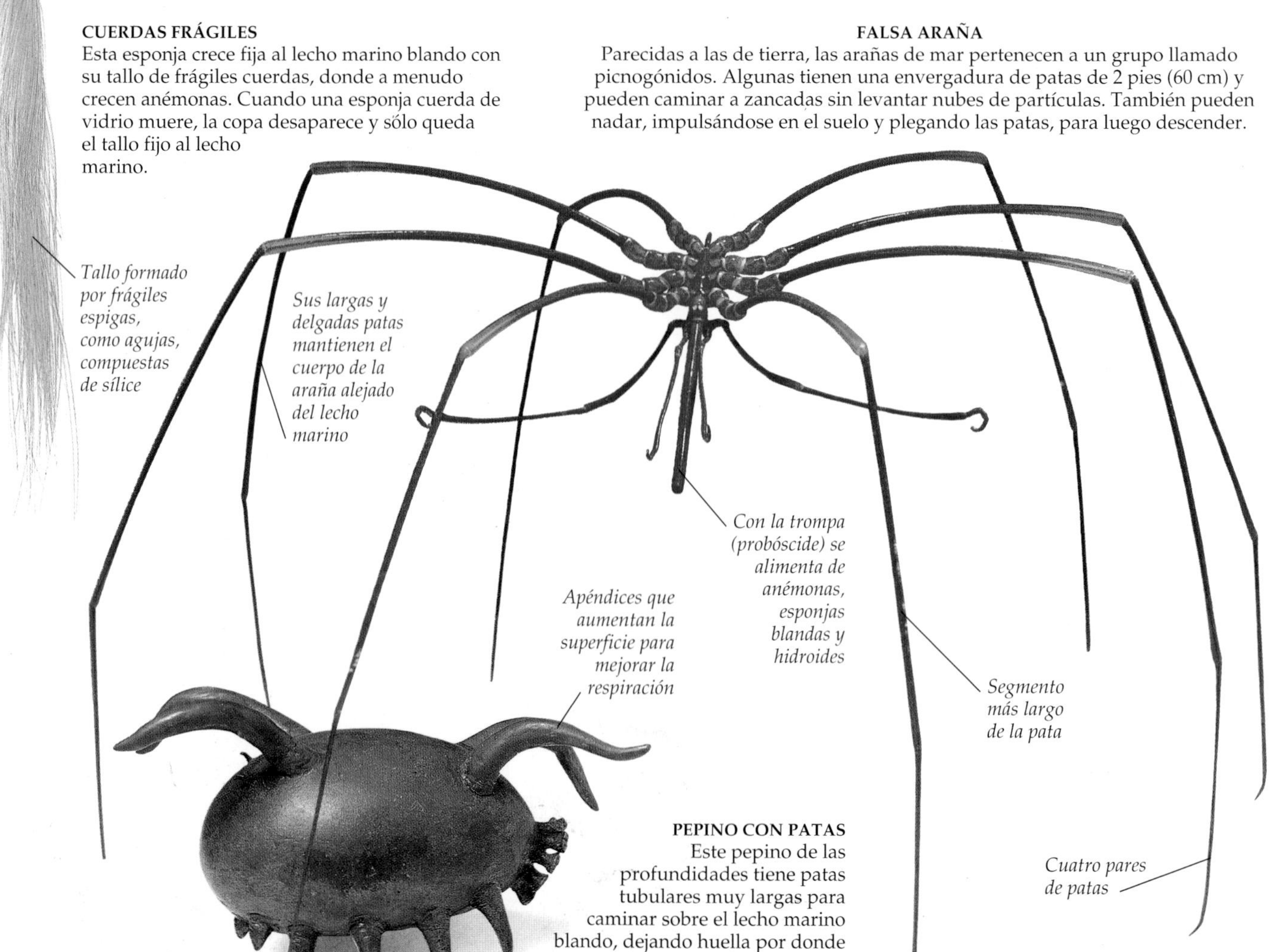

PEPINO CON PATAS
Este pepino de las profundidades tiene patas tubulares muy largas para caminar sobre el lecho marino blando, dejando huella por donde pasa. Algunas especies de pepino de mar de las profundidades se desplazan nadando en el fondo.

Modelo de un pepino de mar (*Scotoplanes*)

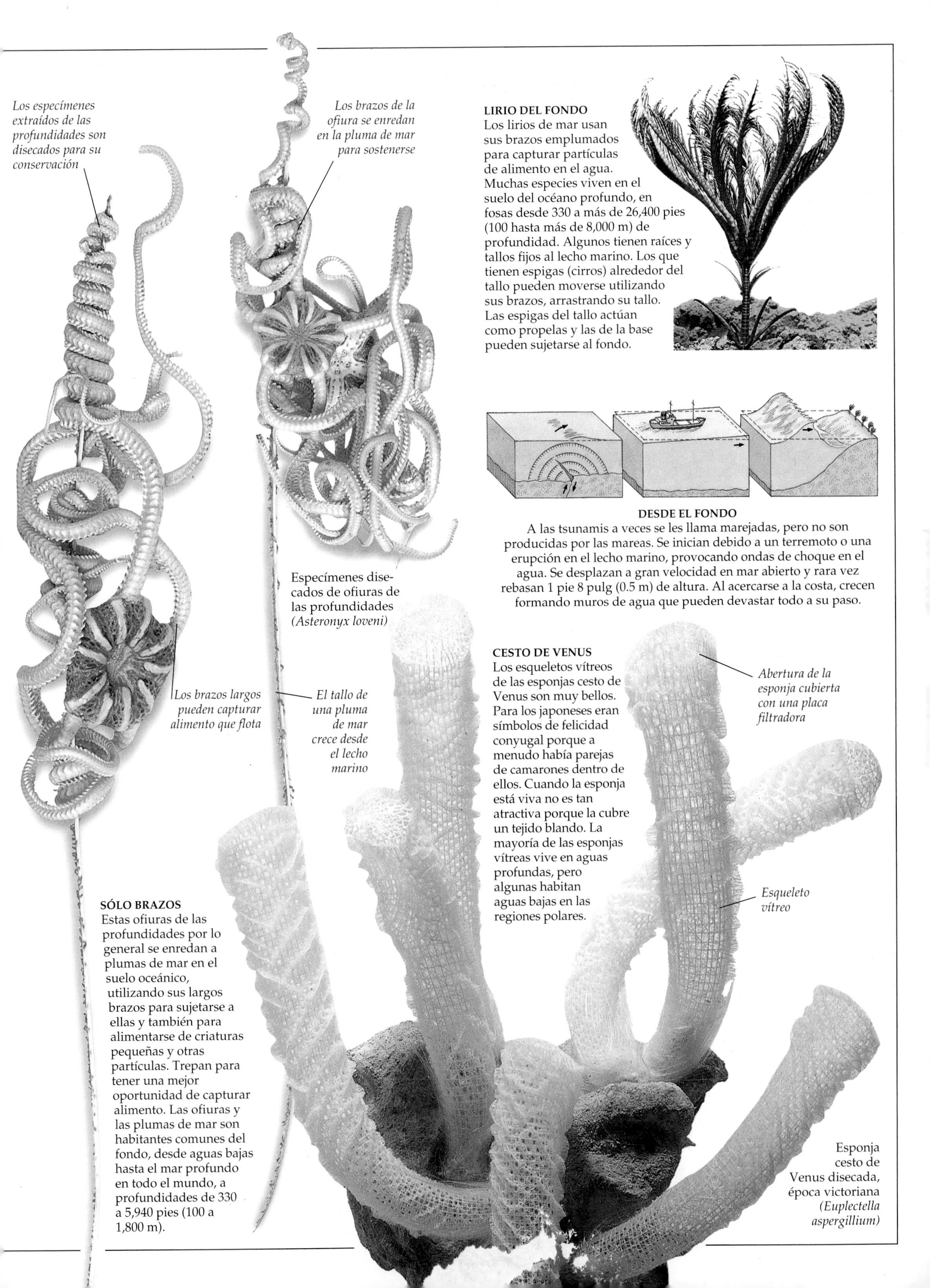

Los especímenes extraídos de las profundidades son disecados para su conservación

Los brazos de la ofiura se enredan en la pluma de mar para sostenerse

LIRIO DEL FONDO

Los lirios de mar usan sus brazos emplumados para capturar partículas de alimento en el agua. Muchas especies viven en el suelo del océano profundo, en fosas desde 330 a más de 26,400 pies (100 hasta más de 8,000 m) de profundidad. Algunos tienen raíces y tallos fijos al lecho marino. Los que tienen espigas (cirros) alrededor del tallo pueden moverse utilizando sus brazos, arrastrando su tallo. Las espigas del tallo actúan como propelas y las de la base pueden sujetarse al fondo.

DESDE EL FONDO

A las tsunamis a veces se les llama marejadas, pero no son producidas por las mareas. Se inician debido a un terremoto o una erupción en el lecho marino, provocando ondas de choque en el agua. Se desplazan a gran velocidad en mar abierto y rara vez rebasan 1 pie 8 pulg (0.5 m) de altura. Al acercarse a la costa, crecen formando muros de agua que pueden devastar todo a su paso.

Especímenes disecados de ofiuras de las profundidades (*Asteronyx loveni*)

CESTO DE VENUS

Los esqueletos vítreos de las esponjas cesto de Venus son muy bellos. Para los japoneses eran símbolos de felicidad conyugal porque a menudo había parejas de camarones dentro de ellos. Cuando la esponja está viva no es tan atractiva porque la cubre un tejido blando. La mayoría de las esponjas vítreas vive en aguas profundas, pero algunas habitan aguas bajas en las regiones polares.

Abertura de la esponja cubierta con una placa filtradora

Los brazos largos pueden capturar alimento que flota

El tallo de una pluma de mar crece desde el lecho marino

Esqueleto vítreo

SÓLO BRAZOS

Estas ofiuras de las profundidades por lo general se enredan a plumas de mar en el suelo oceánico, utilizando sus largos brazos para sujetarse a ellas y también para alimentarse de criaturas pequeñas y otras partículas. Trepan para tener una mejor oportunidad de capturar alimento. Las ofiuras y las plumas de mar son habitantes comunes del fondo, desde aguas bajas hasta el mar profundo en todo el mundo, a profundidades de 330 a 5,940 pies (100 a 1,800 m).

Esponja cesto de Venus disecada, época victoriana (*Euplectella aspergillium*)

Fuentes y chimeneas

En algunas partes del suelo oceánico hay grietas de las que brota agua muy caliente abundante en minerales. Estas aberturas, o fuentes termales, existen en los centros de crecimiento donde placas gigantescas de la corteza terrestre se separan. El agua fría de mar entra en las aberturas y se calienta, acumulando minerales disueltos. A temperaturas de hasta 752°F (400°C), el agua caliente es expulsada y algunos minerales forman chimeneas (fumarolas negras). El agua caliente fomenta el crecimiento de bacterias, que producen alimento a partir del sulfuro de hidrógeno del agua. Animales extraordinarios habitan alrededor de las grietas y dependen de estos microbios para alimentarse. A fines de la década de 1970, científicos en sumergibles descubrieron las primeras comunidades de fuentes en el Pacífico. También se han encontrado en la Dorsal Media Atlántica.

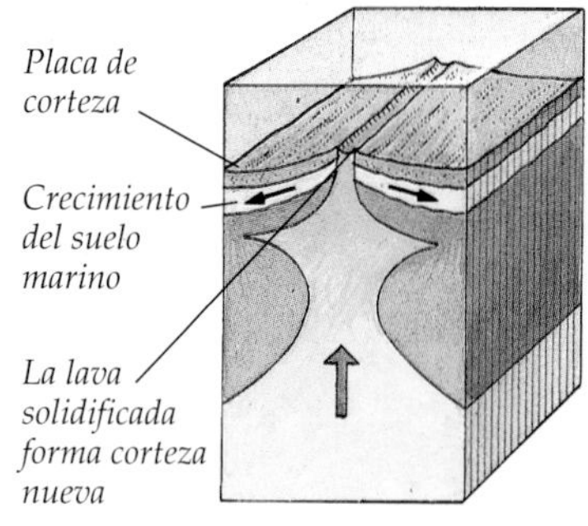

OCÉANO CRECIENTE
De forma continua, se crean nuevas áreas de suelo marino en los centros de crecimiento entre dos placas de la corteza. Cuando emerge roca fundida (lava) de la corteza, se enfría y se solidifica agregándose a la orilla de cada placa colindante. Un área desaparece cuando una placa se desliza debajo de otra. La lava de las erupciones volcánicas puede aniquilar comunidades enteras de vida en las fuentes termales.

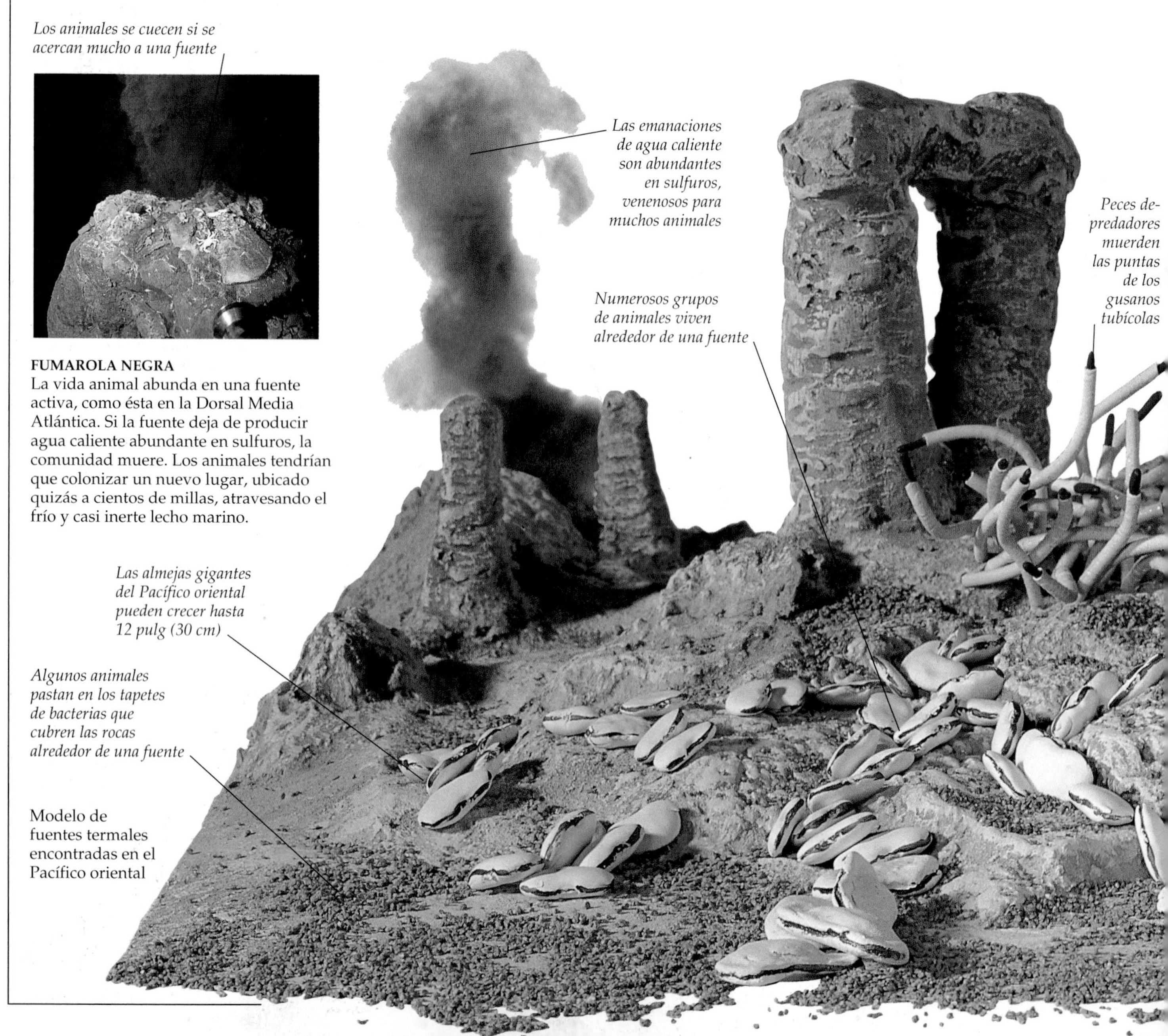

FUMAROLA NEGRA
La vida animal abunda en una fuente activa, como ésta en la Dorsal Media Atlántica. Si la fuente deja de producir agua caliente abundante en sulfuros, la comunidad muere. Los animales tendrían que colonizar un nuevo lugar, ubicado quizás a cientos de millas, atravesando el frío y casi inerte lecho marino.

Modelo de fuentes termales encontradas en el Pacífico oriental

Pez de las profundidades fotografiado desde Alvin *cerca de una fuente en la Dorsal Media Atlántica*

Alvin y el barco de apoyo, *Atlantis II*

Las fumarolas negras pueden alcanzar 33 pies (10 m)

Chimenea formada de depósitos minerales

CAMPEÓN SUMERGIBLE

El sumergible estadounidense *Alvin* fue el primero en llevar científicos a observar la vida en las fuentes de las Galápagos en el Pacífico oriental en la década de 1970. Desde entonces, *Alvin* ha visitado fuentes alrededor del mundo a profundidades de hasta 12,500 pies (3,800 m). El sumergible francés *Nautile* (págs. 54–55) y los rusos *Mirs I* y *II*, entre otros, también han visitado fuentes.

COMUNIDADES DE FUENTES

Este modelo muestra las comunidades de fuentes en el Pacífico oriental, donde almejas gigantes y gusanos tubícolas son los animales más abundantes. Las fuentes de otras partes del mundo tienen diferentes grupos de animales, como los caracoles peludos de la Fosa de las Marianas y los camarones ciegos de las fuentes a lo largo de la Dorsal Media Atlántica.

Los gusanos tubícolas pueden crecer hasta 10 pies (3 m)

El gusano gigante tubícola tiene bacterias en el cuerpo que lo proveen de alimento

Los buzos

TRABAJADOR SUBMARINO
Este buzo usa un traje húmedo para mantener el calor, recibe aire en el casco por una línea conectada a la superficie. Lleva un arnés en la cintura con herramienta. Botas flexibles le permiten gatear bajo un aparejo petrolero.

LA GENTE SIEMPRE HA DESEADO explorar el mar, buscar tesoros, recuperar naufragios, extraer productos como perlas y esponjas o investigar el hermoso mundo submarino. Recientemente, la explotación del petróleo submarino ha requerido habilidades subacuáticas. El primer equipo de buceo consistía de una campana llena de aire abierta en la parte inferior, para que el buzo pudiera trabajar en el lecho marino. Luego, se inventó el traje de buceo con escafandra para descender a mayor profundidad y por más tiempo, con una línea de aire continuo alimentada desde la superficie. En la década de 1940, se inventó el moderno aparato autónomo de respiración subacuática (SCUBA por sus siglas en inglés). Los buzos pudieron llevar su propio suministro de aire comprimido.

Cuerda que conecta la campana a la superficie

Campana de madera

Pesa

ANTIGUA CAMPANA DE BUCEO
En 1690, Edmund Halley inventó una campana de buceo que permitía reabastecer el aire con barriles que descendían de la superficie. Abierta en la parte inferior, se fijaba al lecho marino con pesas. Un tubo de piel conectaba el barril forrado de plomo con la campana de madera. A profundidades de 60 pies (18 m) varios buzos podían trabajar juntos.

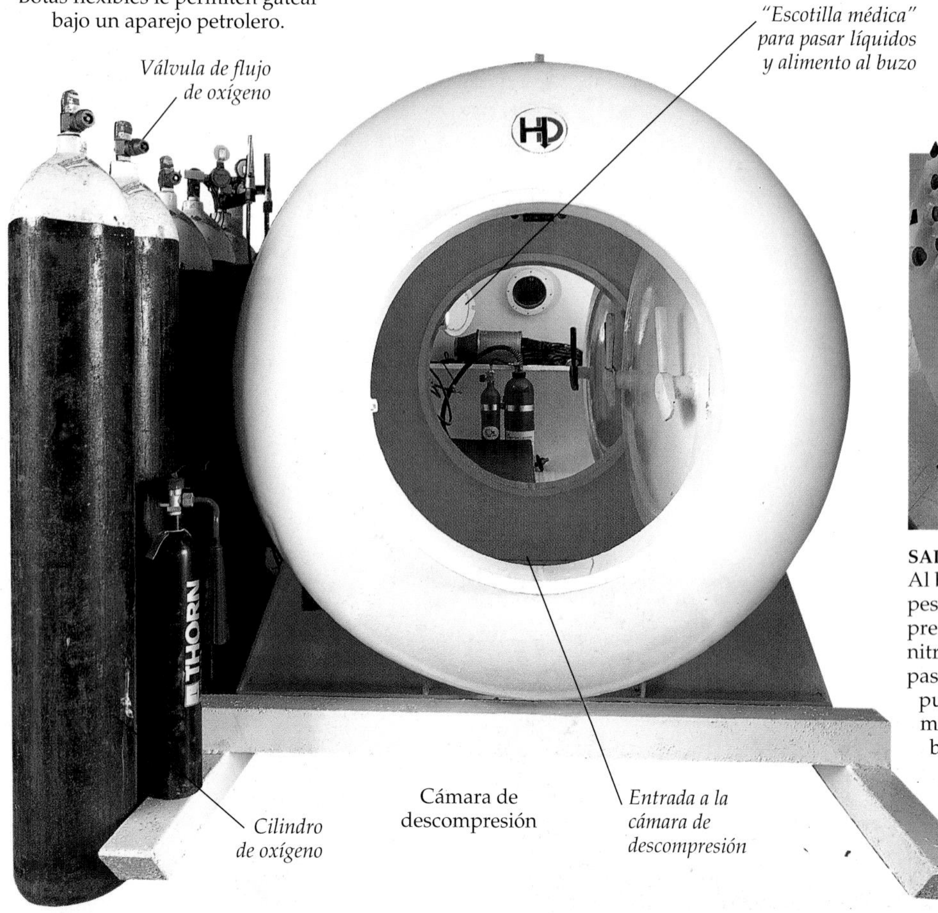

Cámara de descompresión

El dolor en las articulaciones es un indicio de la enfermedad de descompresión

SALVAVIDAS
Al bucear, la presión sobre el cuerpo aumenta debido al peso del agua. El aire es suministrado a la misma presión para que el buzo pueda respirar, esto hace que el nitrógeno en el aire (el aire contiene 80% de nitrógeno) pase a la sangre. Si un buzo sube demasiado rápido después de una inmersión prolongada o profunda, la disminución repentina de la presión hace que se formen burbujas de nitrógeno en la sangre y los tejidos. Esta condición dolorosa y a veces fatal se denomina enfermedad del buzo. El buzo enfermo es tratado en una cámara de descompresión. La presión se eleva lo necesario para eliminar las burbujas por los pulmones y luego se reduce lentamente al nivel normal de la superficie.

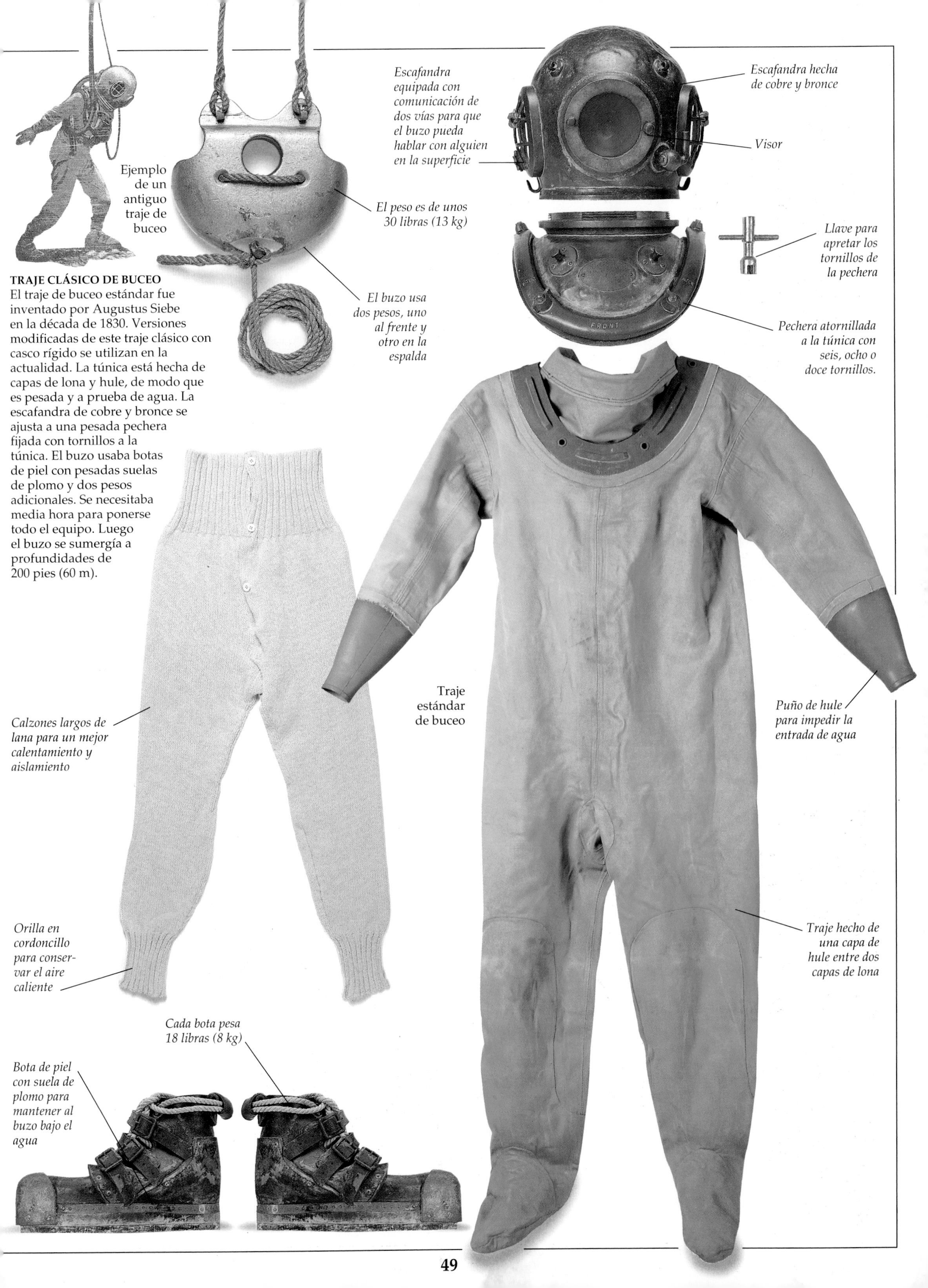

TRAJE CLÁSICO DE BUCEO

El traje de buceo estándar fue inventado por Augustus Siebe en la década de 1830. Versiones modificadas de este traje clásico con casco rígido se utilizan en la actualidad. La túnica está hecha de capas de lona y hule, de modo que es pesada y a prueba de agua. La escafandra de cobre y bronce se ajusta a una pesada pechera fijada con tornillos a la túnica. El buzo usaba botas de piel con pesadas suelas de plomo y dos pesos adicionales. Se necesitaba media hora para ponerse todo el equipo. Luego el buzo se sumergía a profundidades de 200 pies (60 m).

Máquinas submarinas

Los primeros submarinos eran simples. Permitían viajar bajo el agua y fueron útiles en la guerra. Los modelos subsiguientes usaban motores de diésel o petróleo en la superficie y baterías bajo el agua. En 1955, el primer submarino nuclear surcó los océanos. La energía nuclear les permitó viajar grandes distancias antes de recargar combustible. En la actualidad, cuentan con sofisticados sistemas de sonar para navegar bajo el agua y localizar otras naves. Pueden transportar potentes torpedos para disparar al enemigo o a misiles nucleares. Los sumergibles (submarinos miniatura), utilizados para explorar el lecho marino profundo, no pueden viajar grandes distancias. Necesitan descender de una nave de apoyo en la superficie.

Válvulas para renovar y expulsar aire con ayuda de un fuelle

Taladro para perforar la nave enemiga y fijar la mina

Mina de acción retardada

Hélice vertical

Hélice lateral con tracción de pedales

"TURTLE", EL HÉROE
Un submarino monoplaza de madera, el *Turtle*, fue utilizado durante la Revolución Norteamericana en 1776 para tratar de fijar una mina de acción retardada a un buque inglés que bloqueaba la bahía de Nueva York. El tripulante se desorientó por la acumulación de bióxido de carbono y tiró la mina, que estalló sin hacer daño. Sin embargo, la explosión fue suficiente para que la nave británica levara anclas y huyera.

AVENTURA SUBMARINA
Inspirado en la invención de los submarinos modernos, este grabado de 1900 muestra una escena del año 2000 con gente disfrutando un viaje trasatlántico submarino. En cierto modo, se volvió una realidad ya que los turistas ahora pueden hacer recorridos en submarinos pequeños para ver la vida marina, como en el Mar Rojo. Sin embargo, la mayoría de la gente explora el mundo submarino buceando o con esnórkel.

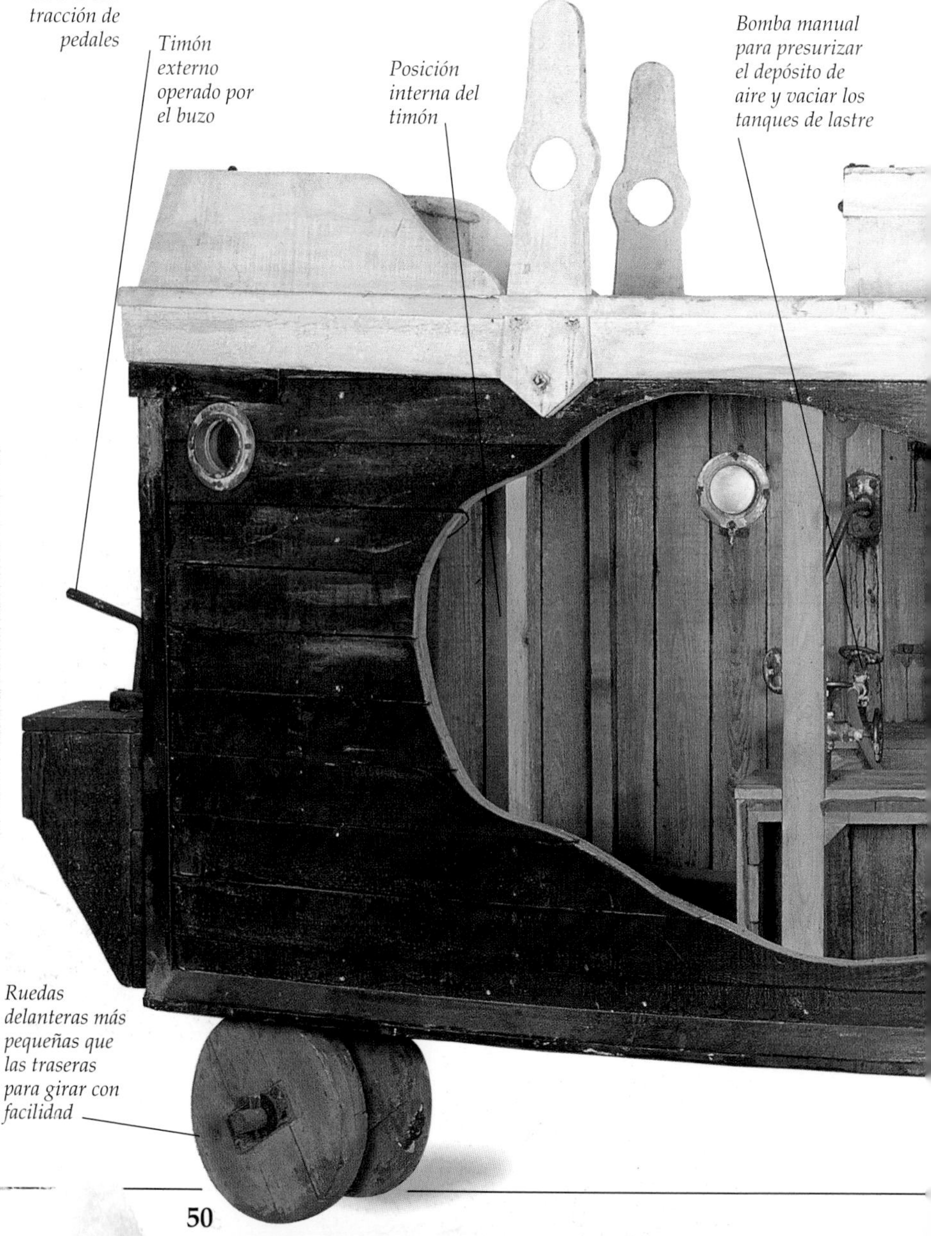

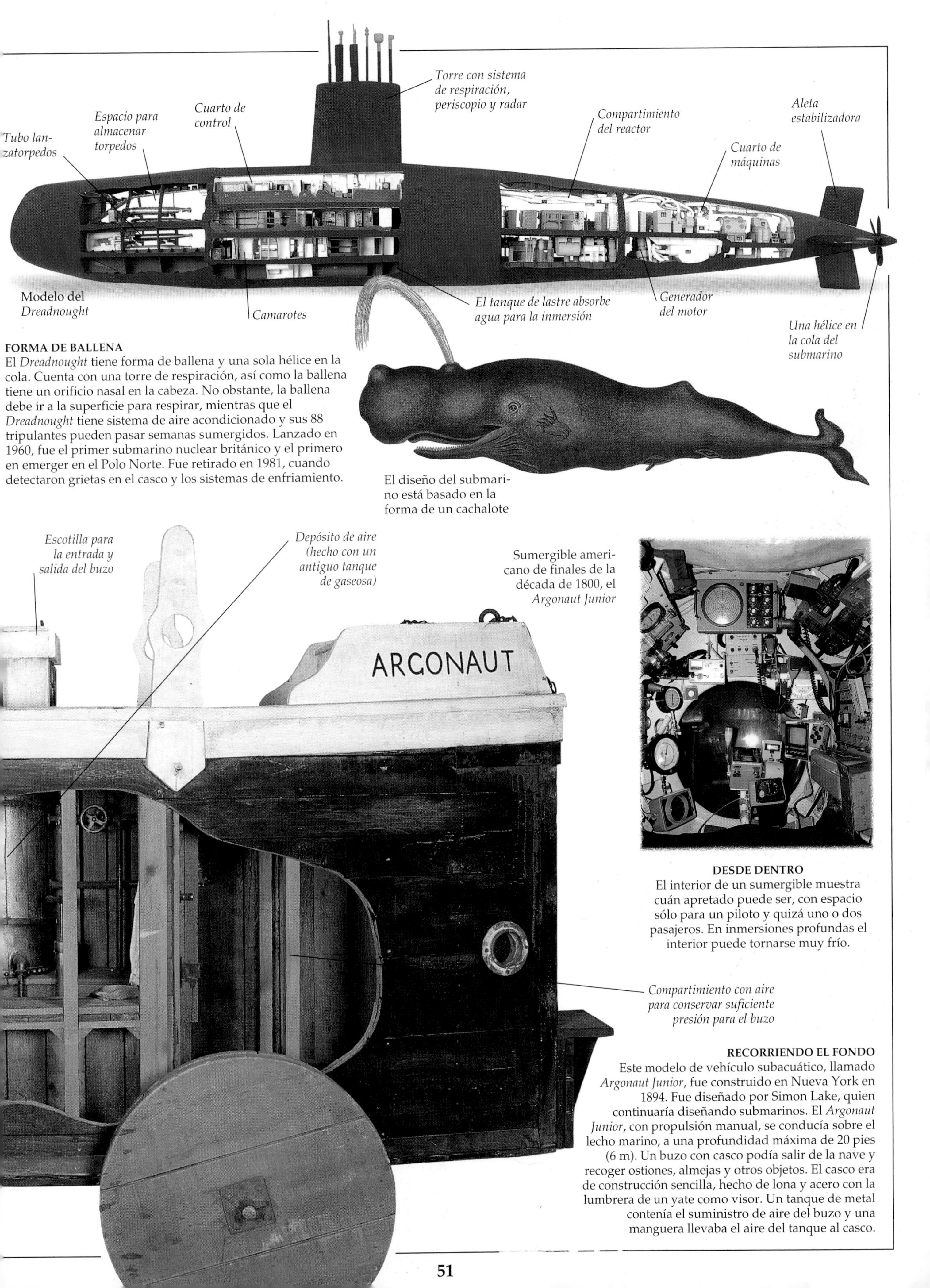

Modelo del *Dreadnought*

FORMA DE BALLENA

El *Dreadnought* tiene forma de ballena y una sola hélice en la cola. Cuenta con una torre de respiración, así como la ballena tiene un orificio nasal en la cabeza. No obstante, la ballena debe ir a la superficie para respirar, mientras que el *Dreadnought* tiene sistema de aire acondicionado y sus 88 tripulantes pueden pasar semanas sumergidos. Lanzado en 1960, fue el primer submarino nuclear británico y el primero en emerger en el Polo Norte. Fue retirado en 1981, cuando detectaron grietas en el casco y los sistemas de enfriamiento.

El diseño del submarino está basado en la forma de un cachalote

Sumergible americano de finales de la década de 1800, el *Argonaut Junior*

DESDE DENTRO

El interior de un sumergible muestra cuán apretado puede ser, con espacio sólo para un piloto y quizá uno o dos pasajeros. En inmersiones profundas el interior puede tornarse muy frío.

RECORRIENDO EL FONDO

Este modelo de vehículo subacuático, llamado *Argonaut Junior*, fue construido en Nueva York en 1894. Fue diseñado por Simon Lake, quien continuaría diseñando submarinos. El *Argonaut Junior*, con propulsión manual, se conducía sobre el lecho marino, a una profundidad máxima de 20 pies (6 m). Un buzo con casco podía salir de la nave y recoger ostiones, almejas y otros objetos. El casco era de construcción sencilla, hecho de lona y acero con la lumbrera de un yate como visor. Un tanque de metal contenía el suministro de aire del buzo y una manguera llevaba el aire del tanque al casco.

Exploradores

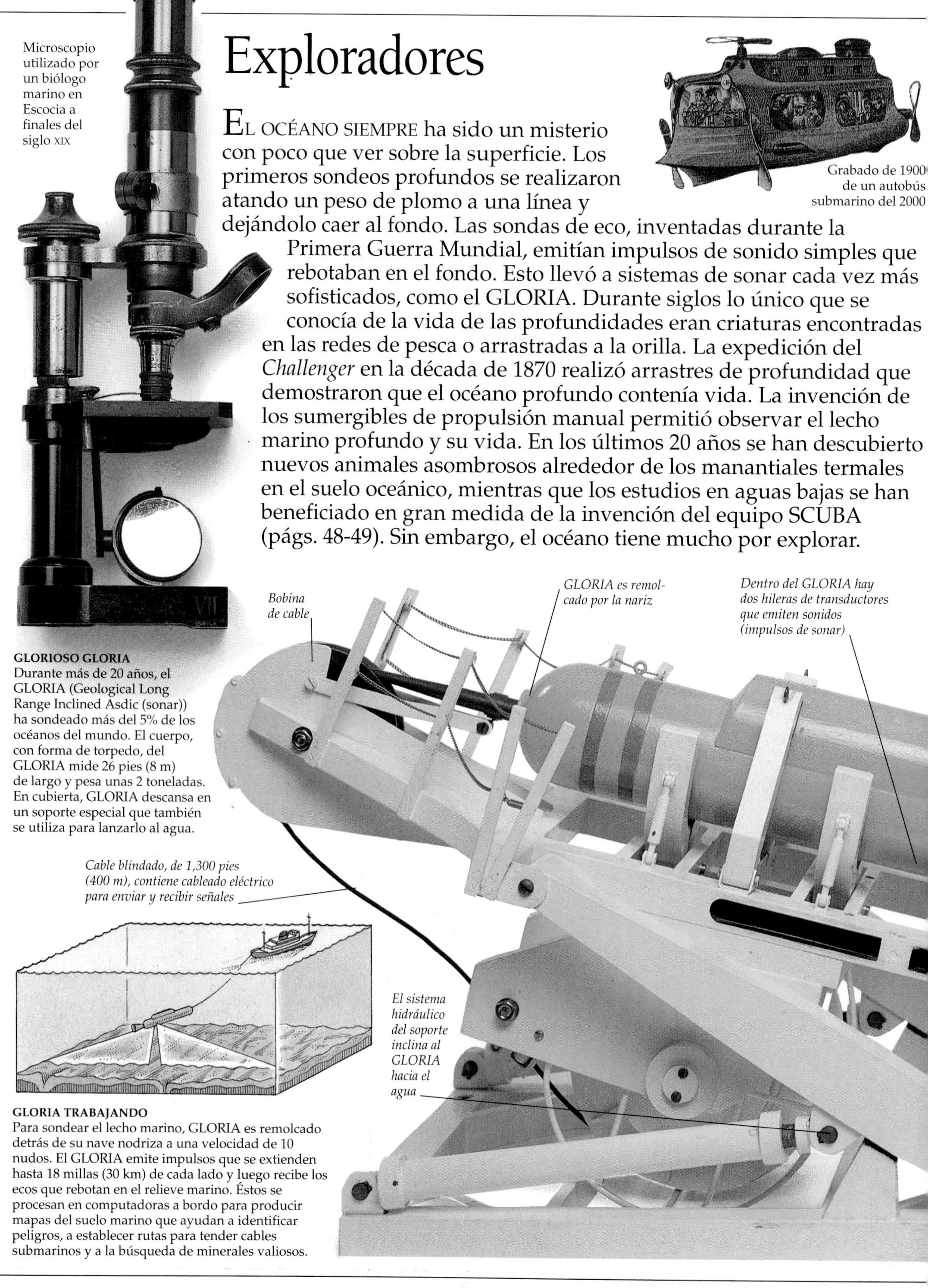

Microscopio utilizado por un biólogo marino en Escocia a finales del siglo XIX

Grabado de 1900 de un autobús submarino del 2000

EL OCÉANO SIEMPRE ha sido un misterio con poco que ver sobre la superficie. Los primeros sondeos profundos se realizaron atando un peso de plomo a una línea y dejándolo caer al fondo. Las sondas de eco, inventadas durante la Primera Guerra Mundial, emitían impulsos de sonido simples que rebotaban en el fondo. Esto llevó a sistemas de sonar cada vez más sofisticados, como el GLORIA. Durante siglos lo único que se conocía de la vida de las profundidades eran criaturas encontradas en las redes de pesca o arrastradas a la orilla. La expedición del *Challenger* en la década de 1870 realizó arrastres de profundidad que demostraron que el océano profundo contenía vida. La invención de los sumergibles de propulsión manual permitió observar el lecho marino profundo y su vida. En los últimos 20 años se han descubierto nuevos animales asombrosos alrededor de los manantiales termales en el suelo oceánico, mientras que los estudios en aguas bajas se han beneficiado en gran medida de la invención del equipo SCUBA (págs. 48-49). Sin embargo, el océano tiene mucho por explorar.

Bobina de cable

GLORIA es remolcado por la nariz

Dentro del GLORIA hay dos hileras de transductores que emiten sonidos (impulsos de sonar)

GLORIOSO GLORIA
Durante más de 20 años, el GLORIA (Geological Long Range Inclined Asdic (sonar)) ha sondeado más del 5% de los océanos del mundo. El cuerpo, con forma de torpedo, del GLORIA mide 26 pies (8 m) de largo y pesa unas 2 toneladas. En cubierta, GLORIA descansa en un soporte especial que también se utiliza para lanzarlo al agua.

Cable blindado, de 1,300 pies (400 m), contiene cableado eléctrico para enviar y recibir señales

El sistema hidráulico del soporte inclina al GLORIA hacia el agua

GLORIA TRABAJANDO
Para sondear el lecho marino, GLORIA es remolcado detrás de su nave nodriza a una velocidad de 10 nudos. El GLORIA emite impulsos que se extienden hasta 18 millas (30 km) de cada lado y luego recibe los ecos que rebotan en el relieve marino. Éstos se procesan en computadoras a bordo para producir mapas del suelo marino que ayudan a identificar peligros, a establecer rutas para tender cables submarinos y a la búsqueda de minerales valiosos.

NADO CON ESNÓRKEL
Una sencilla forma de observar la vida submarina es hacerlo con un esnórkel, el cual se sujeta a la correa de una máscara y se asoma fuera del agua. Al respirar por la boquilla entra aire en el esnórkel y es expulsado por ahí mismo al exhalar.

Esnórkel

Aletas utilizadas para nado con esnórkel y para buceo

BUCEO
El uso de equipo SCUBA ha sido invalorable en el estudio de la vida marina en aguas bajas. En lugar de llevar animales a un acuario, los biólogos marinos pueden observarlos en su ambiente. Algunos, como los tiburones martillo, son sensibles al ruido de las burbujas y pueden ser ahuyentados.

SUMERGIBLES INSIGNES
Se han utilizado muchos sumergibles para la exploración submarina (i.). En 1960, el ingeniero suizo Jacques Piccard y el teniente de la marina estadounidense Don Walsh, en su batiscafo, descendieron a 35,800 pies (10,912 m) en la Fosa de las Marianas.

Naufragios en el fondo

DESDE QUE LA GENTE SE INTERNÓ EN EL MAR a bordo de barcos, ha habido naufragios. Fango y arena cubren los barcos de madera, preservándolos por siglos. Este sedimento protege las cuadernas evitando contacto con el oxígeno, que acelera la descomposición. Los barcos con casco de metal son seriamente corroidos por el agua de mar. El casco de acero del *Titanic* podría desintegrarse en cien años. Los naufragios en aguas bajas se cubren de plantas y animales, convirtiéndose en arrecifes vivientes. Además de animales que crecen en la parte exterior, como corales y esponjas, los peces se refugian en el interior. Los naufragios y sus objetos dicen mucho del pasado, y los arqueólogos deben examinarlos con cuidado; los objetos se lavan con sustancias químicas para preservarlos. Por desgracia, los buscadores de tesoros pueden hacer mucho daño.

Moneda de plata menos valiosa

ORO RESPLANDECIENTE
El oro es uno de los tesoros más buscados. Estas monedas españolas, muy solicitadas por los piratas, a veces terminaban en el lecho marino cuando un buque se hundía.

PROPIEDAD VALIOSA
En 1892, buzos trabajaron en el naufragio del remolcador *L'Abeille*, hundido frente a Le Havre, Francia. Por siglos, se han explorado naufragios para recuperar objetos valiosos.

SUPER SUBMARINO
El sumergible francés *Nautile* recuperó objetos del lecho alrededor del *Titanic*. Cuando el barco se hundió, se partió en dos y esparció objetos a gran distancia. Sólo un sumergible podía llegar al *Titanic*, a 2.5 millas (3,780 m). Tenía espacio para sólo tres personas (piloto, copiloto y un observador), sentadas en el interior de la esfera hecha de titanio que las protege de la inmensa presión a esa profundidad. Las gruesas lumbreras convexas de plexiglás se aplanan debido a la presión. La travesía hasta el naufragio toma hora y media y el *Nautile* puede estar sumergido durante ocho horas.

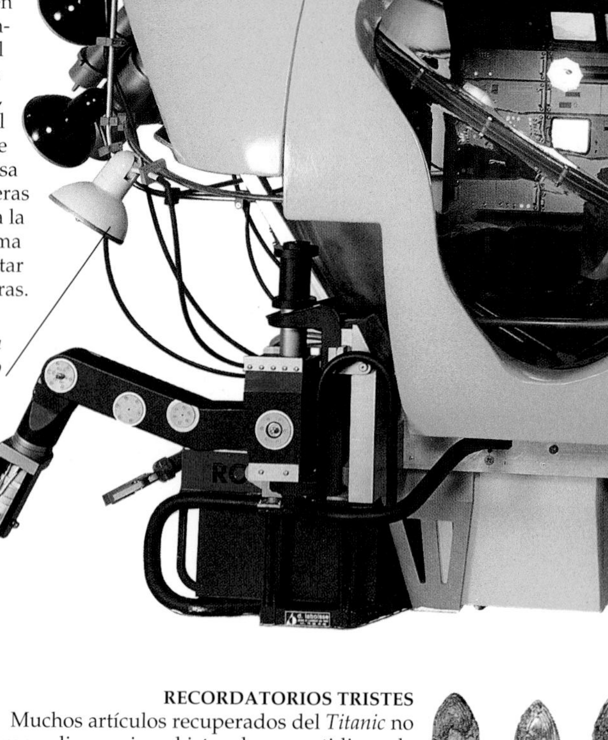

Equipo de sonar

Esfera de titanio protege a los pasajeros

Luces para la cámara de vídeo

Brazo articulado para recoger objetos del fondo

RECORDATORIOS TRISTES
Muchos artículos recuperados del *Titanic* no eran valiosos, sino objetos de uso cotidiano de los pasajeros. Efectos personales como botones o cubiertos recuerdan a quienes murieron

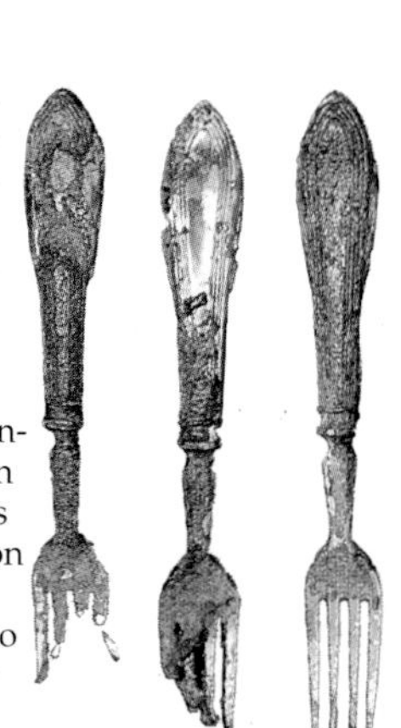

EL BARCO INSUMERGIBLE
En 1912, el *Titanic* zarpó de Inglaterra hacia Nueva York en su travesía inaugural. Por sus compartimientos herméticos se creía insumergible, pero golpeó un iceberg a cuatro días de haber zarpado. Le tomó dos horas y cuarenta minutos hundirse y sólo se salvaron 705 personas de 2,228. Fue descubierto en 1985 por un equipo francoamericano, usando equipo de vídeo de control remoto. Los sumergibles *Alvin* (EE. UU.) y *Mir* (Rusia) también han descendido hasta él.

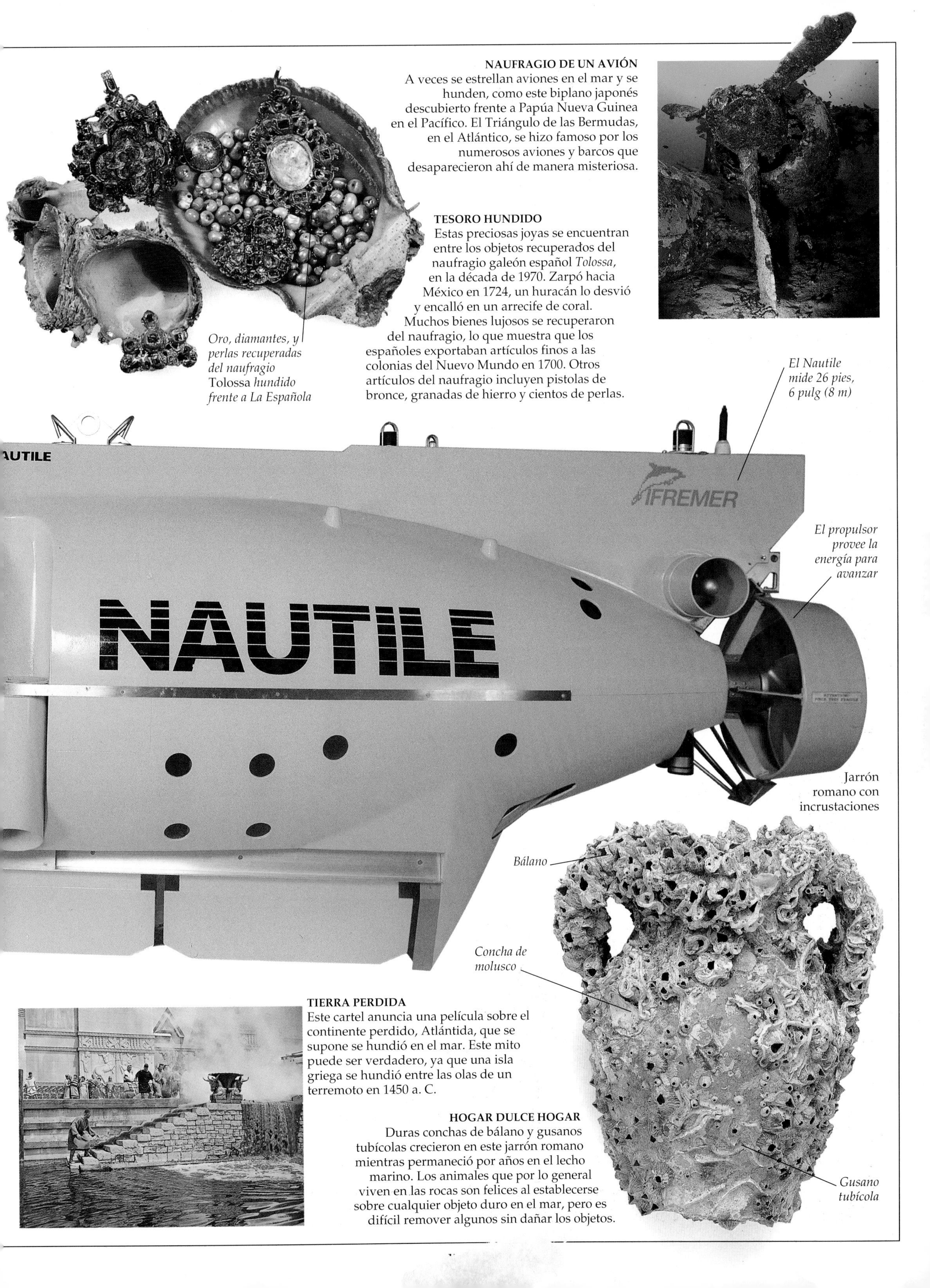

NAUFRAGIO DE UN AVIÓN
A veces se estrellan aviones en el mar y se hunden, como este biplano japonés descubierto frente a Papúa Nueva Guinea en el Pacífico. El Triángulo de las Bermudas, en el Atlántico, se hizo famoso por los numerosos aviones y barcos que desaparecieron ahí de manera misteriosa.

TESORO HUNDIDO
Estas preciosas joyas se encuentran entre los objetos recuperados del naufragio galeón español *Tolossa*, en la década de 1970. Zarpó hacia México en 1724, un huracán lo desvió y encalló en un arrecife de coral. Muchos bienes lujosos se recuperaron del naufragio, lo que muestra que los españoles exportaban artículos finos a las colonias del Nuevo Mundo en 1700. Otros artículos del naufragio incluyen pistolas de bronce, granadas de hierro y cientos de perlas.

Oro, diamantes, y perlas recuperadas del naufragio Tolossa *hundido frente a La Española*

El Nautile mide 26 pies, 6 pulg (8 m)

El propulsor provee la energía para avanzar

Jarrón romano con incrustaciones

Bálano

Concha de molusco

Gusano tubícola

TIERRA PERDIDA
Este cartel anuncia una película sobre el continente perdido, Atlántida, que se supone se hundió en el mar. Este mito puede ser verdadero, ya que una isla griega se hundió entre las olas de un terremoto en 1450 a. C.

HOGAR DULCE HOGAR
Duras conchas de bálano y gusanos tubícolas crecieron en este jarrón romano mientras permaneció por años en el lecho marino. Los animales que por lo general viven en las rocas son felices al establecerse sobre cualquier objeto duro en el mar, pero es difícil remover algunos sin dañar los objetos.

La pesca marina

EL PESCADO ES EL alimento más popular que hay en el mar, con una pesca de 70 millones de toneladas al año en todo el mundo. Algunos peces son capturados con redes y trampas en aguas locales, pero la mayoría son capturados mar adentro con modernas embarcaciones que utilizan lo último en tecnología, como largas líneas con anzuelos o grandes muros de redes bajo el agua. Los peces del fondo son arrastrados y los bancos son agrupados en redes a media agua. El uso del sonar para detectar cardúmenes significa que pocas veces los peces pasan desapercibidos. Incluso los que viven más profundo, como el reloj anaranjado a 3,300 pies (1,000 m), son sacados en cantidades. Existe la preocupación de que se pesca demasiado porque las cifras tardan mucho en recuperarse. La competencia por el abasto es feroz y es difícil para los pescadores vivir de ello. Pero algunos peces como el salmón son criados para cubrir las demandas.

1 ECLOSIÓN
El salmón inicia su vida en ríos y corrientes donde sus madres desovan en huecos entre la grava. Primero se desarrolla la cría (alevines), alimentándose del contenido del saco vitelino adherido a su vientre.

2 SALMÓN JOVEN
A las pocas semanas, el saco vitelino desaparece y los salmones se alimentan de diminutos insectos en el río. Pronto, aparecen manchas oscuras en el salmón joven, llamado parr, que permanece en el río por un año o más, antes de convertirse en smolt y dirigirse al mar.

Los radios de las aletas están bien desarrollados

Primera aleta dorsal grande

Aleta pélvica

Aleta pectoral

Opérculo (tapa que cubre las branquias)

Boca para alimentarse y absorber agua para "respirar"

3 EN EL MAR
El salmón del Atlántico pasa hasta cuatro años en el mar, alimentándose de otros peces. Crece con rapidez, aumentando varias libras al año. Luego, el salmón maduro regresa a sus ríos y corrientes natales donde desova, las cuales reconoce por ciertas peculiaridades, incluyendo su "olor" (combinación particular de ínfimas cantidades de sustancias en el agua).

ACUACULTURA
El salmón es de los pocos peces marinos que se crían con éxito. El salmón joven es cultivado en agua dulce y cuando crece lo suficiente es llevado a corrales flotantes en el mar. Para acelerar su crecimiento, es alimentado con bolitas de pescado seco. Preocupa a los ambientalistas que cierto parásito, llamado piojo de mar, común entre el salmón cultivado, esté infectando y matando al salmón silvestre. Los biólogos investigan métodos para combatir el problema.

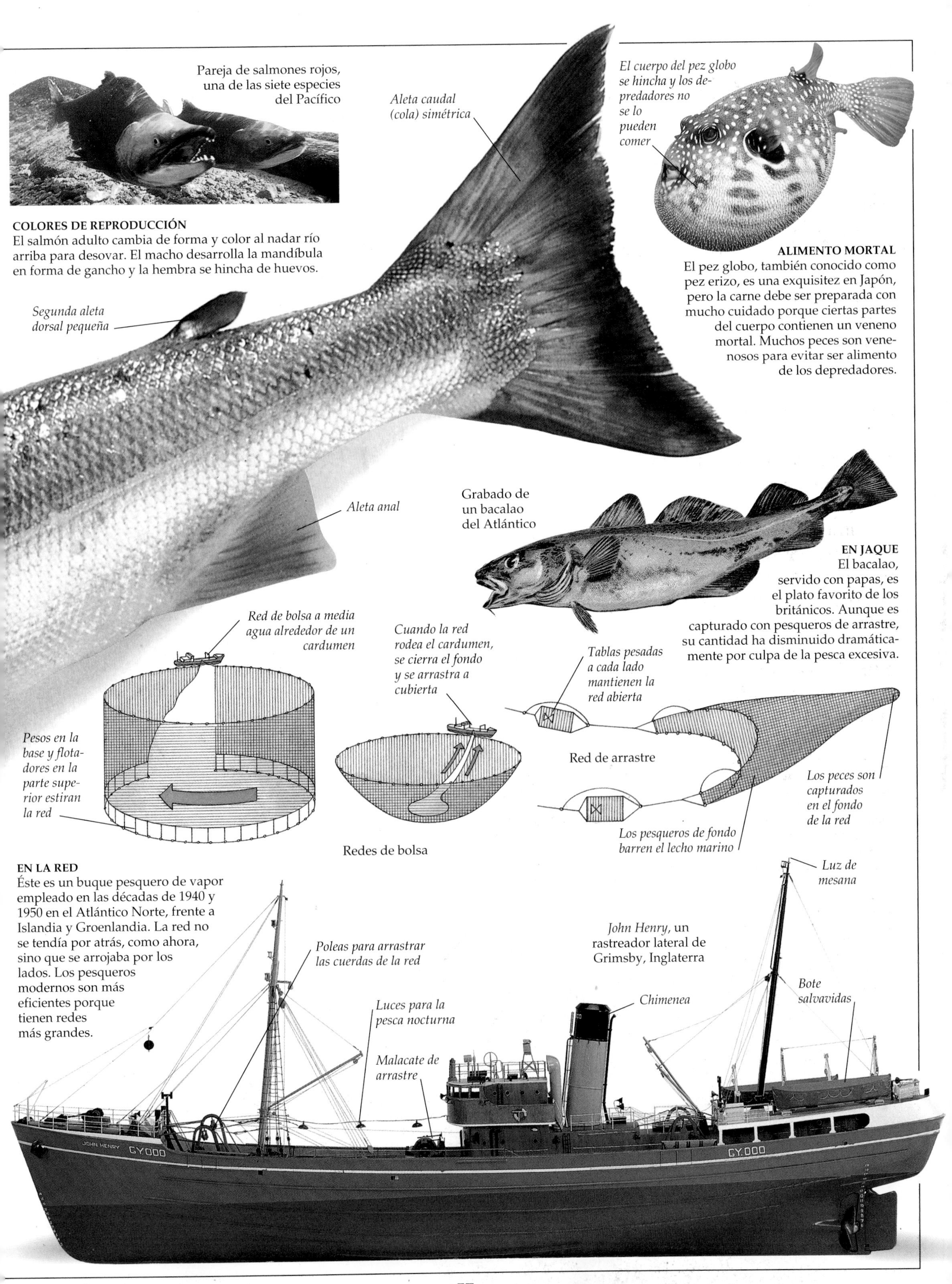

Pareja de salmones rojos, una de las siete especies del Pacífico

COLORES DE REPRODUCCIÓN
El salmón adulto cambia de forma y color al nadar río arriba para desovar. El macho desarrolla la mandíbula en forma de gancho y la hembra se hincha de huevos.

ALIMENTO MORTAL
El pez globo, también conocido como pez erizo, es una exquisitez en Japón, pero la carne debe ser preparada con mucho cuidado porque ciertas partes del cuerpo contienen un veneno mortal. Muchos peces son venenosos para evitar ser alimento de los depredadores.

Grabado de un bacalao del Atlántico

EN JAQUE
El bacalao, servido con papas, es el plato favorito de los británicos. Aunque es capturado con pesqueros de arrastre, su cantidad ha disminuido dramáticamente por culpa de la pesca excesiva.

Redes de bolsa

EN LA RED
Éste es un buque pesquero de vapor empleado en las décadas de 1940 y 1950 en el Atlántico Norte, frente a Islandia y Groenlandia. La red no se tendía por atrás, como ahora, sino que se arrojaba por los lados. Los pesqueros modernos son más eficientes porque tienen redes más grandes.

John Henry, un rastreador lateral de Grimsby, Inglaterra

Productos marinos

LA GENTE SIEMPRE HA COLECTADO plantas y animales del océano. Muchos animales se utilizan con fines alimentarios, como peces, crustáceos (camarón, langosta) y moluscos (almeja, calamar), o algunos más inusuales como pepinos de mar, bálanos y medusas. También las algas son comestibles, en forma natural o como ingrediente de helados y otros alimentos procesados. Los productos hechos con criaturas marinas son asombrosos, aunque muchos (como la madreperla y las esponjas) han sido reemplazados con materiales sintéticos. La atracción por los productos del mar es tan fuerte, que ciertos animales y algas se cultivan, como almejas gigantes (por sus hermosas conchas), mejillones (como alimento) y ostras (por sus perlas). La acuacultura es una forma de satisfacer la demanda de productos y de evitar la merma de la vida marina silvestre.

PÚRPURA REAL
Los caracoles de mar se utilizaban para hacer tintes para las ropas de la realeza en la antigüedad. Procesar el tinte era oloroso; grandes cantidades de caracoles cubiertos de sal eran colocados en estanques excavados en las rocas. El líquido púrpura era colectado y hervido para concentrar el tinte. Los caracoles de mar (de Florida y del Caribe) se usan para hacer tinte púrpura.

PÚAS ÚTILES
Las púas de este erizo eran utilizadas como lápices para escribir sobre pizarras. El erizo lápiz aún se colecta para usar sus púas como campanillas de viento. Colgadas de un cordel, las púas tintinean cuando el viento sopla en ellas. Los erizos caminan en el lecho marino con ayuda de sus púas, cuando salen de sus cavidades en la noche para alimentarse.

ESQUELETO BLANDO
Las esponjas de baño, colectadas en el lecho marino arenoso, crecen entre pastos marinos en lagunas de arrecife. Cuando las sacan del fondo, están cubiertas de tejidos vivos viscosos. Se colectan principalmente en el Mediterráneo, el Caribe y el Pacífico, y son propensas a enfermedades y a la explotación excesiva.

GRANJA DE ALGAS
En Japón, las algas se usan en muchos alimentos. El alga parda se cultiva en el mar en palos de bambú, luego se colecta y se pone a secar. La laver, otra alga parda, se come en Gales, Reino Unido. Hecho de algas pardas, el agar (una sustancia viscosa) se emplea en alimentos y en la investigación médica. Las algas también se usan en fertilizantes.

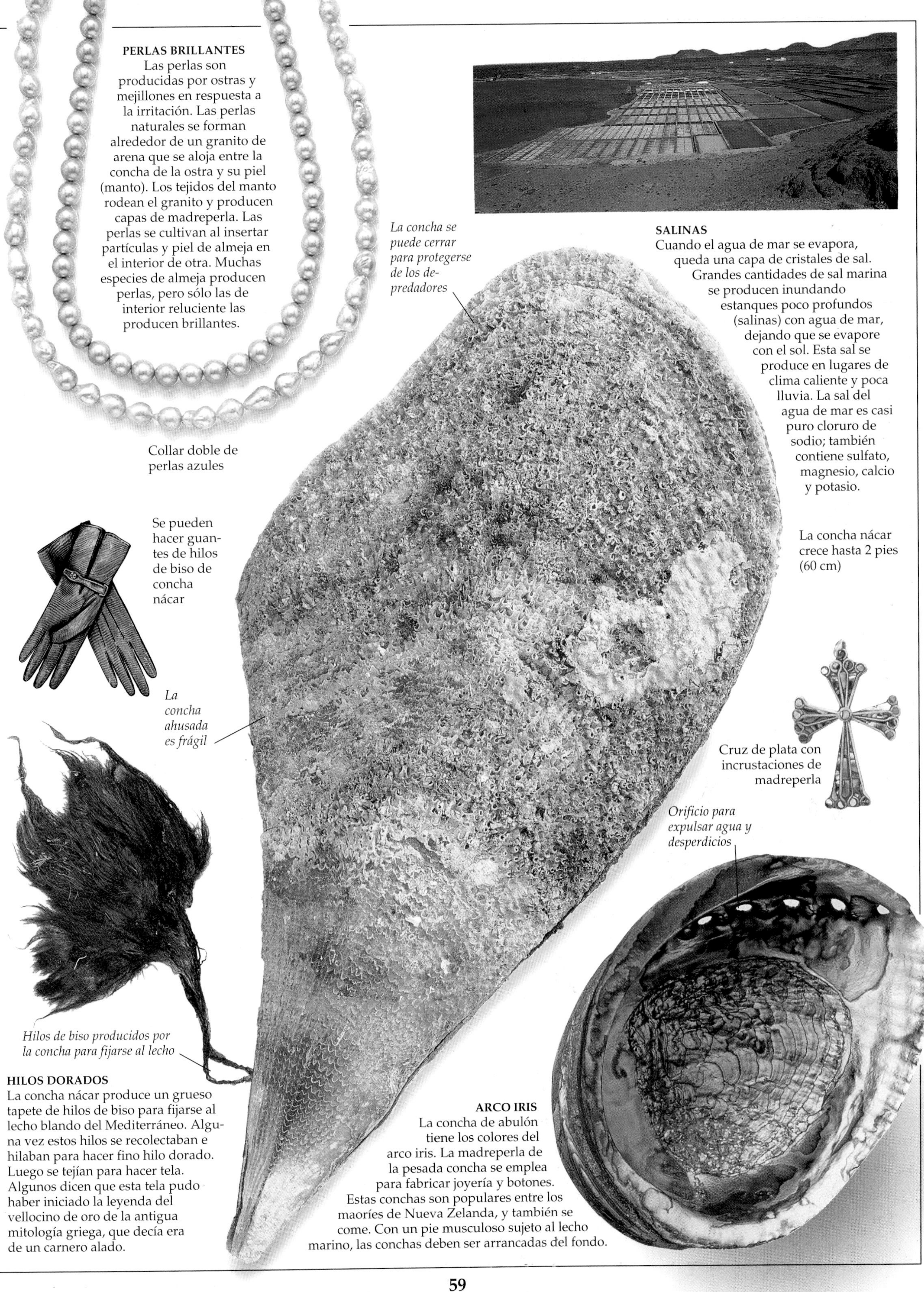

PERLAS BRILLANTES
Las perlas son producidas por ostras y mejillones en respuesta a la irritación. Las perlas naturales se forman alrededor de un granito de arena que se aloja entre la concha de la ostra y su piel (manto). Los tejidos del manto rodean el granito y producen capas de madreperla. Las perlas se cultivan al insertar partículas y piel de almeja en el interior de otra. Muchas especies de almeja producen perlas, pero sólo las de interior reluciente las producen brillantes.

Collar doble de perlas azules

La concha se puede cerrar para protegerse de los depredadores

SALINAS
Cuando el agua de mar se evapora, queda una capa de cristales de sal. Grandes cantidades de sal marina se producen inundando estanques poco profundos (salinas) con agua de mar, dejando que se evapore con el sol. Esta sal se produce en lugares de clima caliente y poca lluvia. La sal del agua de mar es casi puro cloruro de sodio; también contiene sulfato, magnesio, calcio y potasio.

Se pueden hacer guantes de hilos de biso de concha nácar

La concha nácar crece hasta 2 pies (60 cm)

La concha ahusada es frágil

Cruz de plata con incrustaciones de madreperla

Orificio para expulsar agua y desperdicios

Hilos de biso producidos por la concha para fijarse al lecho

HILOS DORADOS
La concha nácar produce un grueso tapete de hilos de biso para fijarse al lecho blando del Mediterráneo. Alguna vez estos hilos se recolectaban e hilaban para hacer fino hilo dorado. Luego se tejían para hacer tela. Algunos dicen que esta tela pudo haber iniciado la leyenda del vellocino de oro de la antigua mitología griega, que decía era de un carnero alado.

ARCO IRIS
La concha de abulón tiene los colores del arco iris. La madreperla de la pesada concha se emplea para fabricar joyería y botones. Estas conchas son populares entre los maoríes de Nueva Zelanda, y también se come. Con un pie musculoso sujeto al lecho marino, las conchas deben ser arrancadas del fondo.

Exploración de petróleo y gas

DEPÓSITOS DE PETRÓLEO Y GAS yacen ocultos en las rocas del lecho marino, que se perforan para extraerlos. Pero los geólogos primero tienen que saber dónde taladrar. Sólo ciertas rocas alojan petróleo y gas, y deben estar a una profundidad que permita la perforación. Los depósitos se localizan enviando ondas de choque al lecho marino, empleando las señales de retorno para distinguir entre las capas de roca. Se utilizan aparejos provisionales para localizar una fuente y determinar si posee la calidad y cantidad correctas. Para extraer petróleo o gas, se instala una plataforma petrolera permanente que se fija al lecho marino. El petróleo se almacena en tanques separados en la plataforma o es enviado a la orilla en ductos. Si los depósitos se secan, se deben localizar nuevas fuentes por la gran demanda de energía, pero los recursos de petróleo y gas de la tierra son limitados. Los principales mantos petroleros están en el Mar del Norte, el Golfo de México y el Pérsico y las costas de América del Sur y Asia.

MUERTE Y DESCOMPOSICIÓN
Restos de plantas y bacterias en los mares antiguos caían al lecho marino y eran cubiertos por capas de lodo. El calor y la presión los convirtieron en petróleo y gas, subieron a través de rocas porosas y pararon en rocas impermeables.

La roca impermeable evita que el petróleo se desplace

Petróleo atrapado en roca porosa

Roca porosa que el petróleo puede atravesar

Formación de combustibles fósiles

Helipuerto

Un helicóptero abastece de alimento y leche a la plataforma

Grúas suben las provisiones del barco a la plataforma

Castillete o torre de perforación

Por seguridad, la estructura más alta de esta plataforma es la antorcha

Antorcha para quemar los gases de proceso que no son utilizables

Camarotes

Barandal para proteger al personal

Botes salvavidas a prueba de fuego

¡FUEGO!
Petróleo y gas son inflamables. A pesar de las precauciones, suceden accidentes como en la Piper Alfa en el Mar del Norte en 1988; murieron 167 personas. Las medidas de seguridad mejoraron desde ahí.

PROVISIONES
Helicópteros abastecen las plataformas petroleras en el mar, en las que pueden vivir y trabajar hasta 400 personas, que viajan a tierra firme de vez en cuando.

PLATAFORMA PETROLERA
Una de las plataformas en el Mar del Norte tiene patas de concreto. Las plataformas son construidas por partes. La sección más grande es llevada al mar y fijada al lecho marino, luego se agregan los camarotes. Un castillete alberga el equipo de perforación (varios tubos con una poderosa broca para perforar roca). Un lodo especial, enviado por tubos, enfría la broca, arrastra la roca molida y evita que el petróleo salga expulsado. Las plataformas extraen el petróleo o gas, pero los aparejos perforan los pozos durante la exploración

Sólida estructura que soporta el embate del viento y las olas

Oxígeno en tanques a la espalda

EL TRAJE NEWT
Los trajes de paredes gruesas, como el de arriba, resisten la presión. Bajo el agua, el buzo respira aire a presión normal. Esto significa que puede descender sin necesidad de descompresión. Los trajes Newt (ar.) se usan en la exploración de petróleo a profundidades de 1,200 pies (365 m). Brazos y piernas articulados facilitan el movimiento.

EL TRABAJO
En una plataforma petrolera hay operadores de taladro, de computadoras, geólogos que examinan muestras de rocas, petróleo y gas, mecánicos que se encargan de la maquinaria, así como cocineros e intendentes que cuidan de la tripulación.

EN EL FONDO
Los buzos (sin el traje Newt) hacen reparaciones submarinas durante más tiempo al regresar a una cámara presurizada y volver al mar, sin entrar a la cámara de descompresión.

Los océanos en peligro

Joyería de dientes de tiburón blanco, ahora protegido en algunas áreas

LOS OCÉANOS Y LA VIDA QUE ALOJAN están amenazados. Drenaje y desperdicios industriales son arrojados a los océanos, con sustancias químicas que se acumulan de forma peligrosa en la cadena alimentaria. Los derrames de petróleo sofocan y envenenan la vida marina. La basura asfixia tortugas o atrapa aves marinas que, junto con mamíferos marinos, se ahogan al atorarse en redes abandonadas. La explotación excesiva ha mermado a muchos animales, desde ballenas a peces. El comercio de *souvenirs* amenaza a los arrecifes de coral. Sin embargo, la situación está mejorando. Ahora las leyes ayudan a detener la contaminación y a proteger la vida marina, y en los parques submarinos la gente puede observar la fauna sin perturbarla.

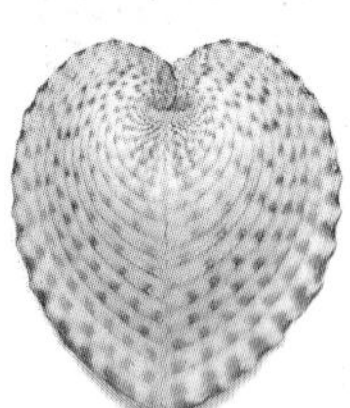

Berberechos en forma de corazón

UN CORAZÓN
Muchas personas coleccionan conchas de mar por su belleza, pero la mayoría de las que se venden en tiendas fueron extraídas con vida. Si muchas criaturas de concha son colectadas en un sólo lugar, como un arrecife de coral, el patrón de vida se altera. La recolección debe ser bien administrada; es mejor recorrer la playa para colectar conchas de criaturas muertas. Siempre averigua si puedes llevarte incluso conchas vacías, ya que en algunas reservas naturales no se permite hacerlo.

DERRAME DE PETRÓLEO
El petróleo es necesario para la industria y los vehículos automotores. Grandes cantidades son transportadas por mar en buques tanque, enviadas por oleoductos y extraídas del lecho marino. Hay accidentes en los que se derraman enormes cantidades de petróleo. Aves y mamíferos marinos mueren de frío porque su plumaje y pelaje pierde las bolsas de aire que los mantienen calientes. Al tratar de limpiarse, mueren por asfixia. Algunos son rescatados, aseados y liberados de nuevo.

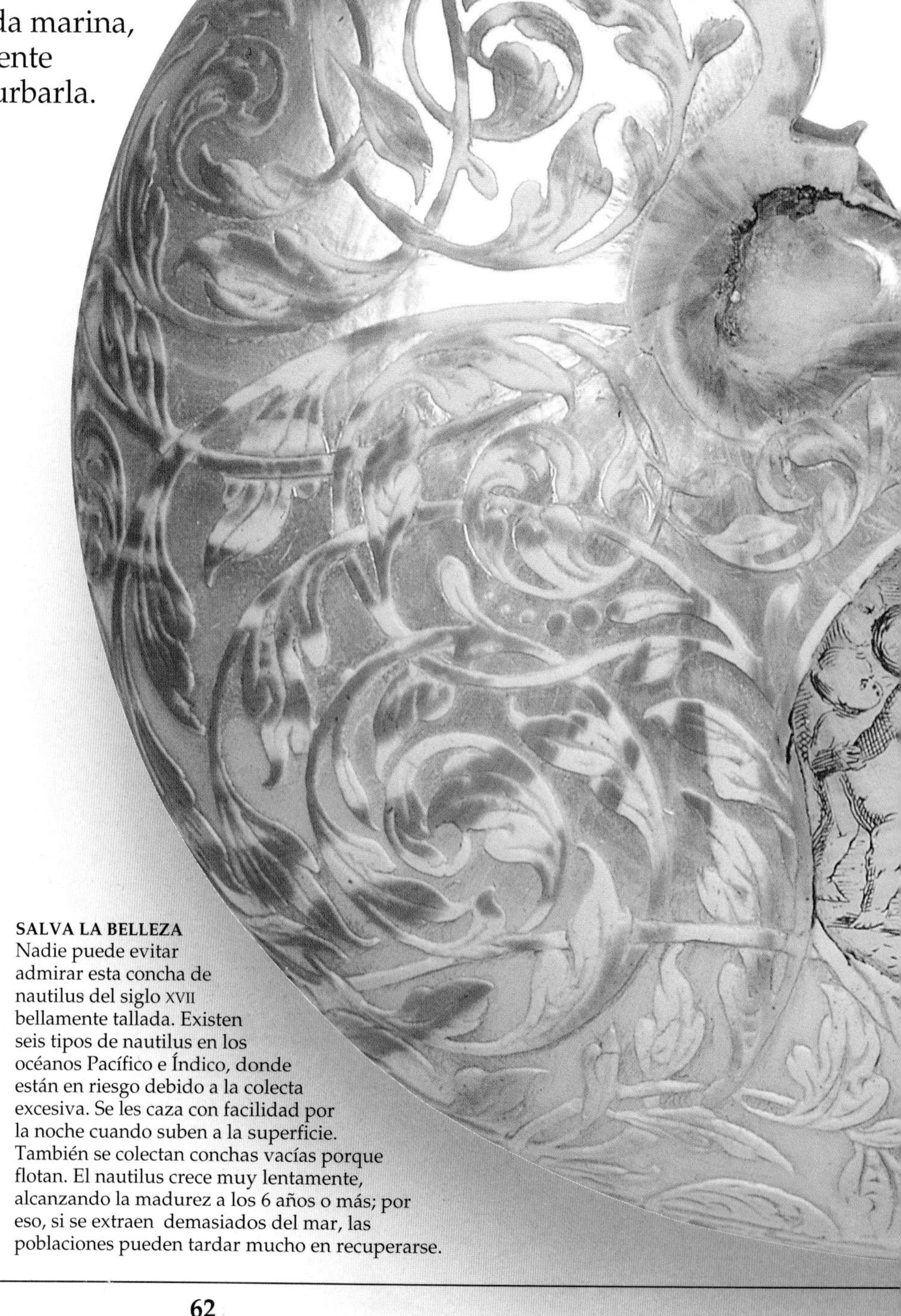

Corte que expone la madreperla

SALVA LA BELLEZA
Nadie puede evitar admirar esta concha de nautilus del siglo XVII bellamente tallada. Existen seis tipos de nautilus en los océanos Pacífico e Índico, donde están en riesgo debido a la colecta excesiva. Se les caza con facilidad por la noche cuando suben a la superficie. También se colectan conchas vacías porque flotan. El nautilus crece muy lentamente, alcanzando la madurez a los 6 años o más; por eso, si se extraen demasiados del mar, las poblaciones pueden tardar mucho en recuperarse.

PEOR PARA LAS BALLENAS
Por siglos, las ballenas han sido cazadas por su carne, aceite y huesos. El aceite de ballena se usa en alimentos, lubricantes, jabones y velas, y las láminas córneas de su mandíbula se han convertido en artículos de hogar como cepillos. La matanza masiva mermó mucho la cantidad de ballenas. Ahora, la mayoría de ellas están protegidas, pero los científicos dudan que ciertas poblaciones algún día se recuperen. Algunas especies de ballena aún son capturadas para alimento, por lo general a nivel local.

Esta pintura japonesa muestra antiguos cazadores en botes, arriesgando su vida en pos de una ballena

Extracto aceitoso de carne de ballena para margarina

Carne de ballena en polvo empleada en alimentos para animales

Aceite de hígado de ballena, vitamina A

Aceite de esperma, lubricante de alto grado

Esponjas sobre desechos de hierro en el Mar Rojo

CUIDADO
Una esponja cesto de este tamaño puede tener 100 años, y podría dañarse en un instante con el pataleo de un buzo. Muchas especies marinas son muy frágiles. Los corales pueden morir con sólo tocarlos. Toda basura que llega al lecho marino (ar. d.) sofoca la vida, y la contaminación del aire la afecta seriamente. Durante el fenómeno de El Niño (1997–1998), la temperatura del mar se elevó 2–4°F (1–2°C) en muchas partes del océano Índico, causando que algunos corales expulsaran a sus compañeras algas y murieran. Se sospecha que el calentamiento global eleva la temperatura del mar.

¿Sabías que...?

DATOS SORPRENDENTES

★ Los océanos del mundo contienen 97% del agua de la Tierra. Del 3% restante, más del 2% es hielo y menos del 1% es agua dulce (en arroyos, ríos, lagos y el subsuelo) y vapor de agua.

La Tierra vista desde el espacio

★ Sobre el océano Pacífico, desde el espacio, el planeta parece casi por completo azul. De hecho, el Pacífico, con 59 millones millas^2 (153 millones km^2), cubre un tercio de la superficie de la Tierra.

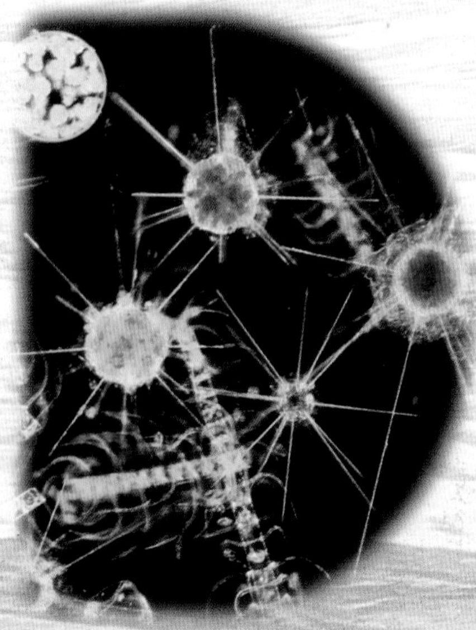

Plancton ampliado cientos de veces

★ La temperatura más baja de la superficie marina se registra en el Mar Blanco, en el océano Ártico, a 28.4 °F (–2 °C). La más alta se registra en las partes bajas del Golfo Pérsico en el océano Índico, a 96.1 °F (35.6 °C).

★ Las aguas más profundas del océano están a menos de 30.2°F (–1°C), abajo del punto de congelación. Se mantienen líquidas debido a la enorme presión.

★ La montaña submarina más alta se encuentra en el océano Pacífico, cerca de Nueva Zelanda. Con 5.4 millas (8.7 km) de altura, es casi tan alta como el Everest, la montaña más alta del mundo.

★ El mayor rango de marejada y las mareas más altas del mundo ocurren en la Bahía de Fundy, Canadá, en el Atlántico, donde la diferencia entre la marea baja y la alta puede llegar a ser hasta de 52 pies (16 m).

★ El 90% de toda la vida marina se concentra en la zona iluminada, o eufótica, capa superior del océano en la que penetra suficiente cantidad de luz para la fotosíntesis. El plancton (organismos acuáticos en suspensión) flota aquí, y es la base de la cadena alimenticia del océano.

★ Un cubo de agua de mar puede contener hasta 10 millones de fitoplancton (plantas unicelulares microscópicas) y zooplancton (animales microscópicos). La mayoría del fitoplancton mide menos de 0.01 mm.

★ El pez carnívoro más grande es el gran tiburón blanco. Algunos adultos pueden crecer hasta 20 pies (6 m) de largo y pesar 1.5 tonelada.

★ Un tiburón blanco puede detectar 1 parte de sangre de un animal herido en 100 millones de partes de agua.

★ Los peces voladores pueden saltar hasta 6 pies (2 m) fuera del agua para escapar de depredadores como el pez vela y el marlín.

★ Ya en el aire, el pez volador extiende las aletas de su pecho como si fueran alas y puede "volar" 325 pies (100 m).

El pequeño budión limpiador trabaja dentro de la boca de un mero

★ Al nacer, una ballena azul puede pesar hasta 7 toneladas. Los bebés más grandes beben 159 galones (600 l) de leche materna al día y crecen casi 11 libras (5 kg) por hora.

★ Pequeños peces llamados budiones limpiadores se alimentan de parásitos que infestan a peces más grandes, como el mero. Incluso nadan dentro de la boca de los peces para alimentarse. Los peces más grandes no dañan a los budiones; incluso, algunas veces, hasta hacen fila en las "estaciones de limpieza" de los budiones para librarse de los parásitos.

Espinas plegadas contra el cuerpo

Pez puercoespín en tamaño normal...

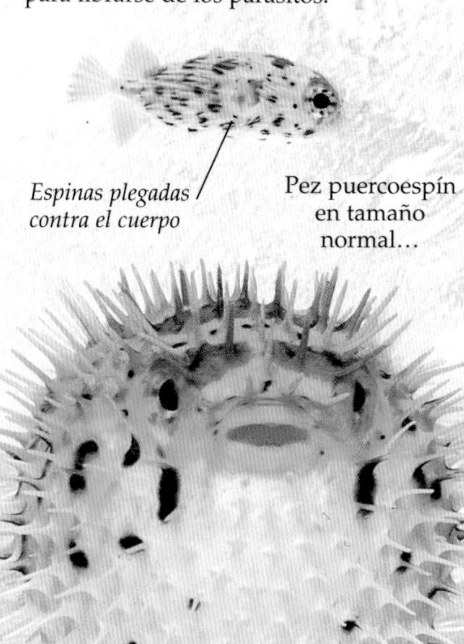

Las espinas del cuerpo se erizan

... y cuando se infla

★ Si se siente amenazado, un pez puercoespín absorbe agua para hinchar su cuerpo al doble de su tamaño, haciéndolo demasiado grande e incómodo de tragar. El pez vuelve lentamente a su tamaño normal cuando el peligro ha pasado.

PREGUNTAS Y RESPUESTAS

P ¿Por qué el mar es salado?

R La salinidad del mar proviene de la sal erosionada de rocas, arenas y suelos de la Tierra por el agua de lluvia que es arrastrada al mar por arroyos y ríos. Esto ha sucedido durante millones de años, acumulando la concentración de sal del mar. El cloruro de sodio, o sal común (la que usamos en la mesa), constituye un 85% de los minerales que hay en el mar.

Olas formadas en mar abierto

P ¿Qué ocasiona las olas?

R La mayoría de las olas son creadas por el viento que sopla en mar abierto y hace que la superficie del agua se rice. Si el viento sigue soplando, los rizos crecen y se convierten en olas. La altura de las olas depende de la fuerza y duración del viento que las ocasiona y la distancia que son "empujadas" a través del océano.

P ¿Por qué el mar es azul?

R El agua de mar no absorbe la luz azul de la luz solar (compuesta de todos los colores del arco iris). Cuando la luz solar llega al agua, la luz azul es reflejada en todas direcciones, haciendo que el mar se vea azul.

P ¿Cuántos tipos de peces hay?

R Existen alrededor de 25,000 especies de peces marinos y de agua dulce. De éstos, alrededor de 24,000 son peces óseos, 850 son cartilaginosos (como los tiburones y las rayas) y como 60 son mixines y lampreas (los peces sin mandíbula).

Pez cartilaginoso: tiburón de arrecife punta negra (ar.) y pez óseo: macarela (ab.)

P ¿Cuál es la diferencia entre los peces óseos y los cartilaginosos?

R Como lo sugiere su nombre, los peces óseos tienen esqueleto de hueso y los tiburones y las rayas lo tienen de cartílago. Además, los óseos tienen vejiga natatoria, llena de gas para controlar la flotación. Se puede ajustar para hacer al pez más ligero en el agua, de modo que pueda descansar o estar inmóvil. Sin embargo, los peces cartilaginosos se hunden si no se mueven. Otras diferencias características son que los peces óseos tienen los lóbulos de la cola de igual tamaño y faldones protectores en las branquias, mientras que los tiburones tienen más grande el lóbulo superior de la cola y nada protege sus branquias.

Gobio escondido entre la grava

P ¿Cómo se ocultan los peces de los depredadores en mar abierto?

R Muchos peces que viven cerca de la superficie tienen el dorso oscuro y el vientre más claro. Esta sombra opuesta los camufla por arriba y por abajo. Los peces que viven en el fondo del mar a menudo tienen colores y patrones que los confunden con sus alrededores.

Récords

★ LA CRIATURA MARINA MÁS GRANDE
La ballena azul es el animal más grande del mundo, con 98 pies (30 m) de longitud y 150 toneladas de peso.

★ EL PEZ MÁS GRANDE
El tiburón ballena puede crecer hasta 41.5 pies (12.65 m) de longitud y pesar hasta 20 toneladas.

★ EL PEZ MÁS PEQUEÑO
El gobio enano adulto de las Islas Marshall mide sólo 0.3 pulg (6 mm).

★ EL PEZ ÓSEO MÁS PESADO
El pez luna, o *Mola mola*, puede pesar hasta 2 toneladas.

★ EL PEZ MÁS VELOZ
El pez vela puede alcanzar velocidades de hasta 68 mph (109 kph): es más rápido que un guepardo.

Tiburón ballena

Océanos del mundo

HAY CINCO OCÉANOS: PACÍFICO, ATLÁNTICO, ÍNDICO, ÁRTICO Y AUSTRAL. Los primeros cuatro llenan depresiones naturales de la corteza de la Tierra. El océano Austral es técnicamente la parte sur de los océanos Pacífico, Atlántico e Índico, pero en el año 2000 fue delimitado oficialmente por la Organización Hidrográfica Internacional en 60° latitud sur. Esto coincide con los límites del Tratado de la Antártida.

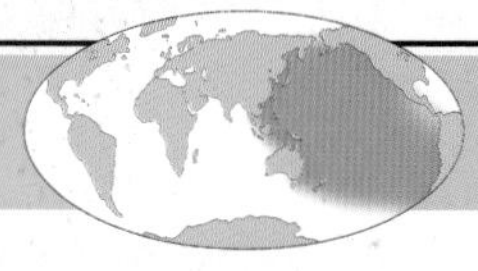

OCÉANO PACÍFICO

El océano Pacífico es el más grande del mundo, cubre casi 28% de la superficie de la Tierra. Tiene de 20,000 a 30,000 islas, y está rodeado por un "Anillo de Fuego" donde las placas tectónicas de la Tierra se deslizan entre las fosas oceánicas, lo que ocasiona actividad volcánica y terremotos frecuentes.

ÁREA: 58,957,258 millas^2 (152,617,160 km^2)
Incluye: El Estrecho de Bering; los mares de Bali, Bering, Coral, Oriental de China, de Flores, Java, Filipinas, Savu, Japón, Ojotsk, Sur de China, Tasmania y Timor, y los golfos de Alaska y Tonkin
PROF. PROM.: 13,874 pies (4,229 m)
MAYOR PROF.: 35,850 pies (10,924 m) Fosa Challenger en la Fosa de las Marianas
COSTERA: 84,299 millas (135,663 km)
CLIMA: Fuertes corrientes y vientos alisios soplan de forma constante sobre el Pacífico, lo cual afecta el clima y ocasionan con frecuencia violentas tormentas tropicales.

Sumergible Kaiko

Sumergible no tripulado llegó al fondo de la Fosa de las Marianas en 1995

Por lo general, una corriente fría fluye desde la costa occidental de América del Sur. Sin embargo, cada cierto tiempo una corriente cálida (El Niño) fluye al este rumbo a Perú, ocasionando cambios climáticos en todo el mundo .

RECURSOS NATURALES: pescado, nódulos de manganeso, petróleo y gas, arena y agregados de grava.

PROBLEMAS AMBIENTALES: Casi la mitad de las rutas marítimas cruzan el Pacífico, incluidos los enormes buques tanque, gigantes buques de carga y contenedores. Como resultado, el océano sufre contaminación por petróleo, especialmente el Mar de Filipinas y el Sur de China; esto amenaza la vida y las aves marinas. Algunas criaturas en peligro de extinción son los dugongos, nutrias, leones marinos, focas, tortugas y ballenas.

Atolón de arrecife de coral en el Pacífico

OCÉANO ATLÁNTICO

El océano Atlántico es el segundo más grande del mundo. Cubre casi una quinta parte de la superficie de la Tierra y lo atraviesa una cadena montañosa submarina, la Dorsal Media Atlántica.

El Canal de Panamá une al Atlántico con el Pacífico

ÁREA: 31,563,463 millas^2 (81,527,400 km^2)
Incluye: Los mares de Noruega, de Escocia, de los Sargazos, Báltico, Negro, Caribe, Labrador, Mediterráneo y del Norte, Estrechos de Davis y de Dinamarca, y los golfos de Guinea y de México.
PROF. PROM.: 12,391 pies (3,777 m)
MAYOR PROF.: 28,232 pies (8,605 m) Fosa Milwaukee en la Fosa de Puerto Rico
COSTERA: 69,512 millas (111,866 km)
CLIMA: Las aguas del norte del Atlántico están regularmente cubiertas de hielo marino en el invierno, y los enormes icebergs que se desplazan al sur causan problemas para navegar en febrero y hasta agosto. La corriente del Golfo, una corriente oceánica cálida, fluye del Golfo de México al noreste, alimentando a la corriente del Atlántico Norte, lo que eleva las temperaturas del norte de Europa y mantiene varios puertos del norte libres de hielo durante el invierno.

RECURSOS NATURALES : Pescado, nódulos de manganeso, yacimientos de petróleo y gas, arena y agregados de grava.
PROBLEMAS AMBIENTALES: Las aguas son contaminadas por desperdicios industriales, aguas negras y petróleo. Los abastecimientos de peces han escaseado por la pesca excesiva, incluida la del bacalao.

Pesquero del Atlántico

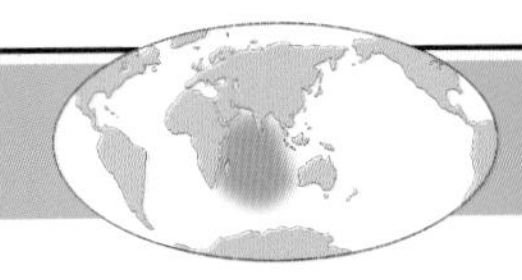

OCÉANO ÍNDICO

El océano Índico es el tercero en extensión en el mundo. Las corrientes del norte cambian de dirección con los monzones, fluyendo hacia el sureste a lo largo de la costa de Somalia durante el invierno del norte y en dirección opuesta durante el verano.

Tortuga verde en peligro

ÁREA: 26,064,036 millas^2 (67,469,536 km^2)
Incluye: Gran Ensenada Australiana, mares de Andaman, Arábigo, de Java, Rojo y de Timor; Bahía de Bengala; golfos de Adén, de Omán y Pérsico; Canal de Mozambique y Estrecho de Málaga
PROF. PROM.: 12,720 pies (3,877 m)
MAYOR PROF.: 23,376 pies (7,125 m) Fosa de Java
COSTERA: 41,338 millas (66,526 km)
CLIMA: Vientos fríos y secos soplan sobre el océano desde el noreste entre febrero y marzo. Entre agosto y septiembre, el viento cambia de dirección y vientos sudoccidentales soplan al norte desde el océano, llevando a las regiones costeras torrenciales lluvias monzónicas e inundaciones.

RECURSOS NATURALES: Yacimientos de petróleo y gas, arena, grava y pescado.
PROBLEMAS AMBIENTALES: Contaminación por petróleo en el Mar Arábigo, Mar Rojo y Golfo Pérsico; las criaturas en peligro son los dugongos, tortugas y ballenas.

Producción petrolera en el Mar Arábigo

OCÉANO ÁRTICO

El océano Ártico es el más pequeño del mundo. Entre diciembre y mayo, la mayor parte está cubierta de hielo polar, el cual puede tener un espesor de hasta 98 pies (30 m).

ÁREA: 3,351,811 millas^2 (8,676,520 km^2)
Incluye: Bahías de Baffin y de Hudson; mares de Barents, Beaufort, Chukchi, Oriental de Siberia, de Groenlandia, de Kara y de Laptev; Estrecho de Hudson y el Pasaje Noroccidental
PROF. PROM.: 6,349 pies (1,935 m)
MAYOR PROF.: 18,400 pies (5,680 m) Cuenca de Fram
COSTERA: 28,204 millas (45,389 km)
CLIMA: Polar, con frío continuo y rangos de temperatura anual muy reducidos.

Un rompehielos con grueso casco de acero abre un canal para otros barcos

RECURSOS NATURALES: Yacimientos de petróleo y gas, agregados de arena y grava, pescado y mamíferos marinos.
PROBLEMAS AMBIENTALES: Ecosistema frágil y recuperación lenta de los daños. Los animales en peligro son varias especies de ballenas y morsas.

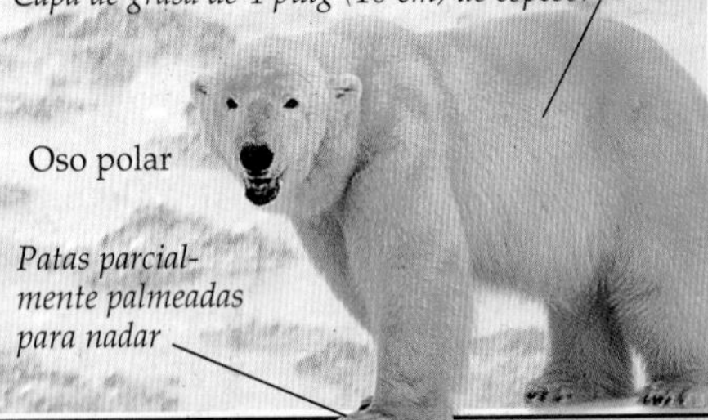

Oso polar

OCÉANO AUSTRAL

El océano Austral es el cuarto más grande del mundo. Algunas de sus partes se congelan durante el invierno del sur, formando las vastas barreras de hielo de Ronne y Ross. Las corrientes debajo de las barreras hacen que las gigantescas placas de hielo se rompan y se separen, para luego derretirse mientras flotan hacia el norte.

ÁREA: 8,102,165 millas^2 (20,973,318 km^2)
Incluye: Mares de Amundsen, de Bellingshausen, de Ross y de Weddell

PROF. PROM.: 11,188 pies (3,410 m)
MAYOR PROF.: 23,737 pies (7,235 m) Fosa de las Sándwich del Sur
COSTERA: 11,165 millas (17,968 km)
CLIMA: Polar, con frío continuo y rangos de temperatura anual muy reducidos.
RECURSOS NATURALES: Probablemente los mantos más extensos de petróleo y gas, agregados de arena y grava, pescado, krill.

PROBLEMAS AMBIENTALES: La radiación ultravioleta que penetra por el agujero de ozono sobre la Antártida está dañando al fitoplancton. Aunque está protegido por el Tratado de la Antártida de 1959 y anexos subsecuentes, aún existe la pesca ilegal e irregular. Sin embargo, l as poblaciones de ballenas y oso marino austral se están recuperando de la explotación excesiva de los siglos XVIII y XIX.

Característico iceberg antártico de punta plana

Estadísticas compiladas de datos proporcionados por la Oficina Oceanográfica Naval, Centro Espacial Stennis, Mississippi (2001)

Descubre más

HAY MUCHA INFORMACIÓN disponible acerca de los océanos y la vida marina, así que es fácil averiguar más sobre ellos, incluso si no vives (o vas de vacaciones) cerca del mar. Primero visita un acuario. Muchos tienen exhibiciones de criaturas marinas en ambientes naturales, de modo que puedes ver a los habitantes de un arrecife de coral, de un manglar o de mar abierto. Busca también los excelentes programas de vida animal que pasan en televisión o navega por Internet en los sitios enumerados abajo como punto de partida.

Almeja navaja con un bálano (atrás) y una lapa incrustados

CONCHAS DE MAR
Si vas a la playa, busca conchas de mar arrastradas a la orilla. Lleva una guía para identificarlas. Siempre regresa a su lugar las conchas habitadas y nunca recolectes conchas en un lugar protegido. Muchos arrecifes, como la Gran Barrera Coral australiana, son reservas de conservación y al recoger conchas se puede dañar el ecosistema.

VISITA UN ACUARIO
Planea una visita a un acuario para observar una gran variedad de vida marina de todos los océanos del mundo. Muchos acuarios grandes tienen impresionantes tanques con cientos de especies, desde medusas y pulpos gigantes hasta tiburones y estrellas de mar. Algunos abarcan varios niveles; otros tienen túneles transparentes para que camines bajo el agua. Busca eventos especiales en los que puedas ver tiburones, rayas y otras criaturas marinas.

SITIOS ÚTILES EN LA WEB

- Únete a los investigadores en la exploración submarina: **http://www.at-sea.org/**
- Visita este sitio sobre la costa de Luisiana que ofrece un libro de colorear y ayuda con la identificación de aves: **http://www.lacoast.gov/education/kids**
- Imprime tus propias tarjetas sobre las charcas rocosas y tópicos sobre el océano para estudiantes de grados K-12 **http:// www.mms.gov/mmskids**
- Información por línea sobre arrecifes de coral del mundo: **http://www.reefbase.org/**

ESTUDIA UNA CHARCA ROCOSA
Las charcas rocosas están llenas de una amplia variedad de plantas y animales. Inclusive si visitas la misma charca varias veces, es poco probable que encuentres las mismas criaturas, haciendo de estos hábitats ambientes dinámicos interminablemente fascinantes para el estudio. Busca estrellas de mar, anémonas, mejillones y algas como la lechuga de mar y el sargazo. Si te quedas inmóvil, también puedes ver cangrejos escondidos en grietas entre las rocas o peces diminutos.

CARA A CARA
Puedes ver la vida marina de cerca si haces un viaje en bote con fondo de cristal o en un submarino turístico. O prueba nadar con esnórkel, es asombroso lo que se puede ver bajo la superficie del océano, en especial si nadas sobre un arrecife de coral; pero no toques nada, sobre todo esponjas o corales, porque puedes dañarlos o hasta matarlos.

Aletas (partes de la cola) de una ballena jorobada

AVISTAMIENTOS
Varias empresas, especialmente de Canadá y Estados Unidos, organizan vacaciones con avistamiento de ballenas, lo que te brinda la oportunidad de ver a las ballenas en su ambiente natural. Los turistas de la izquierda observan ballenas jorobadas frente a las costas de Alaska.

Sitios para visitar

SEA WORLD–ORLAND, FLORIDA;
SAN ANTONIO, TEXAS;
SAN DIEGO, CALIFORNIA
Parques de diversiones acuáticas en tres ciudades distintas. Disfruta de:
- espectáculos de focas y nutrias
- presentaciones de delfines
- exposiciones únicas en cada parque

ACUARIO NACIONAL,
BALTIMORE, MARYLAND
Ver rayas, anguilas eléctricas, pulpo gigante del Pacífico, frailecillos, tiburones y más, incluyendo:
- un magnífico arrecife de coral en un tanque de 335,000 galones (1.27 millones l)
- un pulpo gigante del Pacífico
- un tanque con rayas, tiburones pequeños y una tortuga de mar.

ACUARIO DE NUEVA YORK,
BROOKLYN, NUEVA YORK
Las exposiciones se basan en la investigación científica y abarcan más de 8,000 animales. Ver:
- exposición sobre medusas
- presentaciones de leones marinos en el Aquatheater
- animales del Río Hudson local.

ACUARIO SHEDD
CHICAGO, ILLINOIS
En el acuario cubierto más grande del mundo, ver:
- espectáculos de delfines
- exposición sobre arrecifes de coral, en la cual buzos alimentan a los animales cinco veces al día
- exposición sobre la costa Pacífica noroeste, que incluye ballenas, delfines, nutrias y focas.

Jarra de peltre del *Mary Rose*

SANTUARIOS MARINOS
Los santuarios marinos son áreas de océanos alrededor de las costas, establecidos para proteger la vida silvestre local y educar al público sobre el ambiente marino. ¿Por qué no planeas un viaje a un santuario o averiguas más de ellos en Internet? También puedes unirte a organizaciones que protegen y conservan los océanos.

Nutria en el Santuario Marino nacional de la Bahía de Monterey, frente a las costas de California.

Glosario

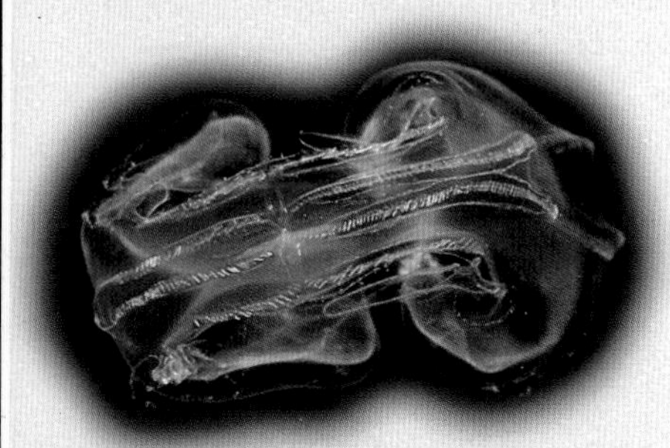

Bioluminiscencia

ADN Abreviatura de ácido desoxirribonucleico, material genético primario de una célula que constituye genes y cromosomas.

AFLORAMIENTO Ascenso de agua abundante en nutrientes desde las profundidades del océano a la superficie.

ALETA DORSAL Aleta en el lomo de un pez que lo mantiene en equilibrio al nadar.

ALTURA DE OLA Distancia entre la cresta (parte superior de una ola) y su valle (parte más baja de una ola).

ANTÁRTIDA Región del Polo Sur, en el sur del Círculo Polar Antártico.

ARRECIFE COSTERO Arrecife que corre a lo largo de una costa, con poco o ningún espacio entre el arrecife y la tierra.

ARRECIFE DE BARRERA Arrecife de coral paralelo a la orilla, con una franja ancha de agua entre la tierra y el arrecife.

ÁRTICO Región del Polo Norte, en el norte del Círculo Polar Ártico.

ATOLÓN Arrecife de coral rodeando una laguna, crece en la periferia de una isla volcánica hundida.

BATISCAFO Nave de inmersión profunda que consiste de una cabina esférica suspendida bajo un flotador lleno de gasolina.

BATISFERA Cabina esférica tripulada, sumergida con un cable; primera nave de inmersión para estudiar el mar profundo.

BIOLOGÍA MARINA El estudio de la vida de los océanos.

BIOLUMINISCENCIA Significa luz (luminiscencia) viva (bio); luz que produce un organismo vivo, como en algunas criaturas de las profundidades. En otras, la luz es producida por bacterias que viven en ellas.

BIVALVO Animal de cuerpo blando que vive en una concha doble, como la almeja.

CADENA ALIMENTARIA Serie de plantas y animales vinculados por sus relaciones alimentarias. Una cadena alimentaria por lo general incluye algas, o plantas, animales herbívoros y animales carnívoros.

CEFALÓPODO Molusco de cuerpo blando y tentáculos con ventosas, como el calamar.

COPÉPODO Diminuta criatura con forma de camarón, forma parte del zooplancton del océano. (ver también ZOOPLANCTON)

CORRIENTE Cuerpo de agua que fluye en el océano; la hay superficial y profunda.

CORTEZA CONTINENTAL La corteza de la Tierra que forma los continentes.

CRINOIDEO Lirio de mar que crece en el lecho marino por abajo de los 100 m (330 pies); pariente de la pluma de mar.

CRUSTÁCEO Animal, como la langosta o el cangrejo, con patas articuladas y duro caparazón exterior articulado.

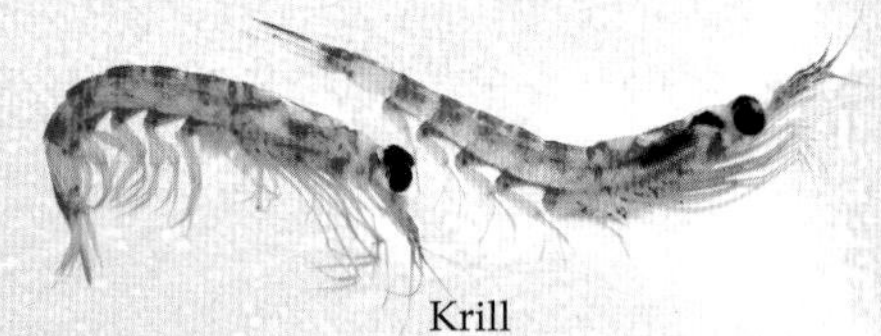

Krill

DEPRESIÓN Cuenca natural en la corteza terrestre.

DERIVA CONTINENTAL Teoría que dice que los continentes eran una sola masa de tierra que lentamente se separó y desplazó durante millones de años, y aún se mueven.

DIATOMEA Alga unicelular y especie de fitoplancton que flota cerca de la superficie del océano, formando la base de una cadena o una red alimentaria; común en aguas frías.

DINOFLAGELADO Alga unicelular y especie de fitoplancton, común en aguas tropicales cálidas.

DORSAL MEDIA-OCEÁNICA Cadena montañosa submarina que se forma donde dos placas tectónicas se empujan y separan, con lava emanando a la superficie de la Tierra que se convierte en roca al enfriarse.

EL NIÑO Corriente de agua cálida que fluye del este hacia la costa oeste de América del Sur cada determinados años, ocasionando cambios climáticos en todo el mundo.

EQUINODERMO Invertebrado marino con espinas en la piel, como la estrella de mar.

FITOPLANCTON Algas unicelulares microscópicas que flotan en la zona iluminada. (ver también ZONA ILUMINADA)

FOSA Una hondonada o valle con costados empinados en el suelo oceánico.

FUMAROLA NEGRA Abertura en chimenea en el suelo oceánico. Arroja agua caliente abundante en sulfuros, con sustancias químicas oscuras. Empleada por criaturas para hacer alimento. Hay en puntos volcánicos activos de las cordilleras oceánicas. (ver también DORSAL MEDIA-OCEÁNICA)

GUYOT Monte submarino de cima llana que estuvo sobre el nivel del mar como isla volcánica y cuya superficie fue erosionada por el viento y el oleaje. (ver también MONTAÑA SUBMARINA)

HURACÁN Tormenta tropical con vientos de más de 74 mph (119 kph) que se forma sobre el océano Atlántico. Las tormentas tropicales comúnmente se denominan tifones, en el Pacífico, y ciclones, en el Índico.

Vientos arremolinados de un huracán formándose sobre el Atlántico

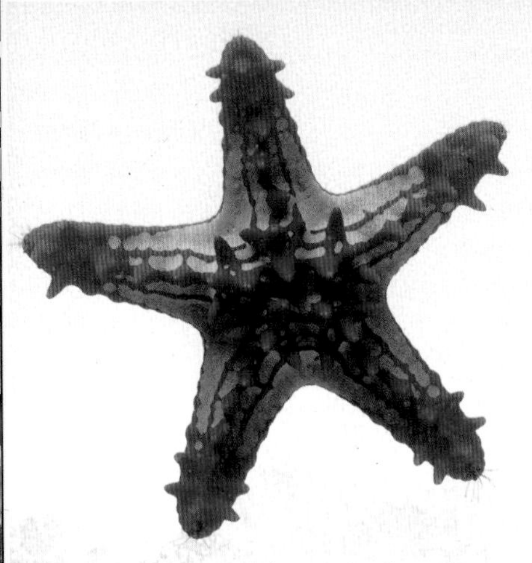

Estrella de mar (un equinodermo)

ICEBERG Masa de hielo flotante desprendida de una barrera de hielo o un glaciar, arrastrada por las corrientes oceánicas.

INVERTEBRADO Animal sin espina dorsal.

KRILL Pequeño y abundante crustáceo, parecido al camarón, de aguas polares del Ártico y la Antártida. Constituye gran parte del suministro de alimento de las ballenas.

LLANURA ABISAL Suelo plano de una cuenca oceánica cubierto de sedimento. (ver también DEPRESIÓN, SEDIMENTO)

LONGITUD DE OLA Distancia entre dos crestas (la parte superior de las olas) de olas sucesivas.

MAGMA Roca fundida que yace debajo de la corteza terrestre.

MAR Otra palabra para océano, o una parte de un océano; por ejemplo, el Mar Negro y el mar Mediterráneo están conectados al océano Atlántico.

MAREA Ascenso y descenso regular del mar causado por la atracción gravitacional del Sol y de la Luna sobre la Tierra.

MOLUSCO Invertebrado de cuerpo blando comúnmente encerrado en una concha. Los moluscos incluyen bivalvos (como la almeja), gasterópodos (como la babosa) y cefalópodos (como el calamar y el pulpo). (ver también BIVALVO, CEFALÓPODO)

MONTAÑA SUBMARINA Volcán submarino que se eleva 3,280 pies (1,000 m) o más, sobre la llanura circundante.

OCEANOGRAFÍA Estudio científico de los océanos.

PEZ CARTILAGINOSO Peces como el tiburón o la raya, con un esqueleto de cartílago y sin vejiga natatoria, por lo que se hunden si permanecen inmóviles.

PEZ ÓSEO Peces como la macarela o el bacalao, con esqueleto de hueso y vejiga natatoria para controlar la flotación.

PLANCTON Diminutos organismos vegetales y animales que flotan en aguas superficiales del mar. Son la base de la mayoría de las cadenas alimentarias marinas. (ver también CADENA ALIMENTARIA)

PLATAFORMA CONTINENTAL Tierra en declive y sumergida; orilla de un continente.

PÓLIPO Anémona o coral con boca rodeada de tentáculos. El pólipo de coral duro forma una copa de caliza, o esqueleto, para proteger su cuerpo. Miles de pólipos viven juntos en colonias, formando un arrecife.

PRESIÓN DEL AGUA Fuerza ejercida por el agua debido a su peso y densidad; la presión del agua aumenta una atmósfera por cada 33 pies (10 m) de profundidad.

RED ALIMENTARIA Serie de varias cadenas alimentarias relacionadas.

SALINIDAD Cantidad de sal disuelta en el agua de mar. Se mide en partes de sal por cada 1,000 partes de agua de mar. La salinidad promedio de los océanos es de 35 partes de sal por cada 1,000 partes de agua.

SCUBA Siglas en inglés de Aparato Autónomo de Respiración Subacuática. Los buzos SCUBA llevan su propio suministro de aire en tanques a su espalda.

SEDIMENTO Lodo, arena y cieno, que contiene millones de plantas y animales, arrastrados desde tierra por los ríos. El sedimento se asienta en el suelo oceánico.

SIMBIOSIS Íntima interacción entre dos especies diferentes donde alguna, ambas o ninguna se benefician de la relación.

SONAR Siglas en inglés de Navegación y Localización por Sonido; sistema que puede localizar un objeto emitiendo sonidos y luego cronometrando los ecos que regresan.

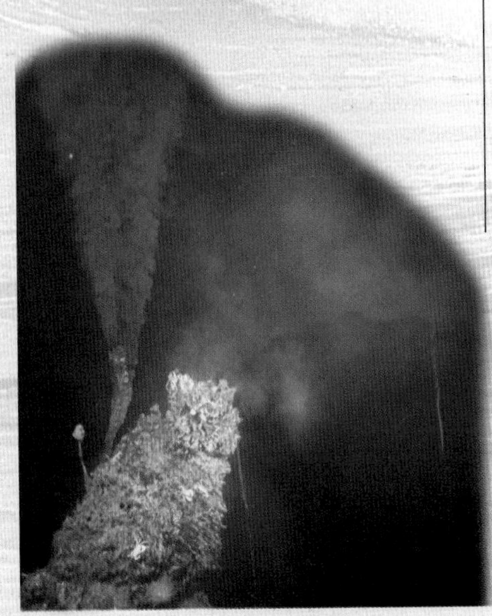

Fumarola negra

SUMERGIBLE Submarino de investigación tripulado o a control remoto diseñado para soportar la presión del agua a grandes profundidades.

TALUD CONTINENTAL Tierra en declive y sumergida que desciende de la plataforma continental hasta la llanura abisal; es un lado de una depresión oceánica. (ver también LLANURA ABISAL y DEPRESIÓN)

TECTÓNICA DE PLACAS Estudio del movimiento de las placas litosféricas de la Tierra bajo la corteza oceánica y continental.

TIFÓN Nombre de tormenta tropical en el océano Pacífico. (ver también HURACÁN)

TSUNAMI Ola en el mar comúnmente ocasionada por una erupción volcánica o un terremoto submarinos. Puede causar mucho daño al llegar a la costa ya que puede obtener una altura considerable en aguas bajas. Erróneamente se le llama marejada.

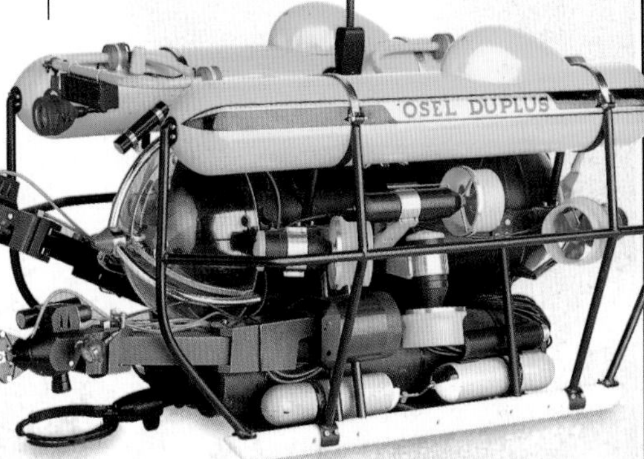

Sumergible

VEHÍCULO A CONTROL REMOTO Vehículo pequeño operado desde (y sujeto a) un sumergible o un barco.

ZONA CREPUSCULAR Área del océano de 660 a 3,300 pies (200 a 1,000 m) de profundidad, delimitada arriba por la zona iluminada y abajo por la zona oscura. También se le conoce como zona mesopelágica.

ZONA ILUMINADA Capa superficial del océano en la que penetra luz, hasta alrededor de 660 pies (200 m) de profundidad. La mayoría de la vida marina habita esta zona. También se le llama epipelágica.

ZONA OSCURA Área del océano de 3,300 a 13,200 pies (1,000 a 4,000 m), delimitada arriba por la zona crepuscular y abajo por la zona abisal. También llamada batipelágica. La única luz en esta zona proviene de organismos bioluminiscentes. (vea también BIOLUMINISCENCIA)

ZOOPLANCTON Animales diminutos que flotan en el agua, como copépodos y crustáceos; parte del plancton. (ver también FITOPLANCTON, PLANCTON)

Índice

Reconocimientos

El editor agradece a:
Por su valiosa ayuda durante la fotografía: The University Marine Biological Station, Escocia, especialmente al Prof. Johon Davenport, David Murden, Bobbie Wilkie, Donald Patrick, Phil Lonsdale, Ken Cameron, Dr. Jason Hall-Spencer, Simon Thurston, Steve Parker, Geordie Campbell y Helen Thirlwall. Sea Life Centres (RU), especialmente Robin James, David Copp, Patrick van der Merwe y Ian Shaw (Weymouth); y Marcus Goodsir (Portsmouth). Colin Pelton, Peter Hunter, Dr. Brian Bett y Mike Conquer, del Instituto de Ciencias Oceanográficas. Tim Parmenter, Simon Caslaw y Paul Ruddock, del Museo de Historia Natural, Londres.
Margaret Bidmead, del Royal Navy Submarine Museum, Gosport.
IFREMER por su amable autorización para fotografiar el modelo del nautilus.
David Fowler, de Deep Sea Adventure. Mak Graham, Andrew y Richard Pierson, de Otterferry Salmon Ltd.
Bob Donalson, de Angus Modelmakers. Sally Rose por investigación adicional. Kathy Lockley por proporcionar material. Helena Spiteri, Djinn von Noorden, Susan St. Louis, Ivan Finnegan, Joe Hoyle, Mark Haygarth y David Pickering por su ayuda editorial y en el diseño.

Créditos fotográficos:
El editor agradece a las siguientes personas y entidades su amable autorización para reproducir sus fotografías:
ar. = arriba; ab. = abajo; c. = centro;
i. = izquierda; d. = derecha

Heather Angel 38ab.c.; **Ardea**/Val Taylor 62 ar.i.; **Tracey Bowden**/Pedro Borrell: 55 ar.c.; **Bridgeman Art Library**/Prado, Madrid 9ar.d.; Galería de los Uffizi, Florencia 16ar.d.; **Bruce Coleman Ltd.**/Carl Roessler 22c.; Frieder Sauer 26ar.d.; Charles & Sandra Hood 27ar.c.; Jeff Foott 28ar.d., 56ar.d.; Jane Burton 38ab.i.; Michael Roggo 57ar.i.; Orion service & Trading Co. 58ab.d.; Atlantide SDF 59ar.d.; Nancy Sefton 63ab.d.; to Library: 7ab.d.; **Steven J. Cooling** 61ar.d. **Corbis:** Ralph White 67c., 71ab.c.; Roger Wood 67ar.d.; Tom Stewart 66ab.d. **The Deep, Hull:** Craig Stennet/Guzelian 68c.d. **Mary Evans Picture Library** 11ar.d., 12ar.d., 19ar.i., 20ar.i., 28ar.i., 33ar.d., 34ar.d., 40c.i., 45ar.d., 48ar.d., 49ar.i., 50ab.i., 52ar.d., 54c., 60ar.i. **Getty Images:** Nikolas Konstatinou 69ar.i., Will & Den McIntyre 66ab.i. **Ronald Grant Archive** 42c.i., 55ab.i. **Robert Harding Picture Library** 25ar.i., 32ar.d., 32ab.d., 39ab.d., 57ar.d., 63ar.i..
Institute of Oceanographic Sciences 46i.c.
Jamstec: 66c.i. © **Japanese Meteorological Agency**/ Meteorological Office 12i. **Frank Lane Photo Agency**/M. Neqwman 11ab.d.
Simon Conway Morris: 6ar.d.
Museo Americano de Historia Natural: 11ar.i. (no. 419(2)); **N.H.P.A.**/Agence natur 44c.; Linda y Brian Pitkin 67ar.i.; Peter Parks 64ab.i.
Nature Picture Library: David Shale 70ar.i.; Doc White 65ab.; Fabio Liverani 65ar.d.; Jeff Foott 69c.i.; Jurgen Freund 64–65; Peter Scoones 65c.i.; Thomas D. Mangelsen 69ab.
Oxford Scientific Films/toi de Roy 29ar.; Fred Bavendam 43 ar.i.; David Cayless 68ab.i., 68-69; Howard Hall 64ar.d.; Rick Price/SAL 67ab.; Scott Winer 70–71.
Planet Earth Pictures/Peter Scoones 9ar.i.; Norbert Wu 10-11c., 20c.i., 40ar.d., 40ar.i., 41ar.i., 42ar.d.; Gary Bell 23ab.d., 55ar.d.; Mark Conlin 25c., 36ab.d.; Menuhin 29ar.c.; Ken Lucas 30ar.i.; Neville Coleman 33c.d.; Steve Bloom 37c.; Andrew Mounter 38ab.d.; Larry Madin 43ab.d.; Ken Vaughan 51 c.d.; Georgette Doowma 63 c.d. **Science Photo Library**/Dr. G. Feldman 26ab.i.; Ron Church 53 c.d.; Douglas Faulkner 66c.d.; Simon Fraser 62ab.i.; NASA/Goddard Space Flight Centre 70ab.d.; Tom Van Sant, Geosphere Project/Planetary, Visions 64c.i. **Frank Spooner Pictures** 47ar.d., 47c.d., 54ab.d., 54ab.i., 60ar.d., 60c.d. **Tony Stone Images**, Jeff Rotman 53i.c. **Stolt Comex Seaway Ltd** 61i. **Town Cocks Museum**, Hull 63ar.d. **ZEFA** 36c.i., 56c.a.

Hemos hecho los mayores esfuerzos para ponernos en contacto con los poseedores de los derechos; nos disculpamos por anticipado por cualquier omisión involuntaria. Nos agradaría incluir el reconocimiento adecuado en cualquier futura edición de esta obra.

Otras ilustraciones © Dorling Kindersley.
Más información en:
www.dkimages.com